Studying Biology in English
영어로 생물학

원서보다 먼저 읽는
영어로 생물학

2013년 4월 19일 초판 1쇄 발행
2024년 3월 1일 초판 5쇄 발행

지은이 원서읽기연구소
펴낸곳 부키(주)
펴낸이 박윤우
등록일 2012년 9월 27일 등록번호 제312-2012-000045호
주소 서울시 마포구 양화로 125 경남관광빌딩 7층
전화 02) 325-0846
팩스 02) 325-0841
홈페이지 www.bookie.co.kr
이메일 webmaster@bookie.co.kr
제작대행 올인피앤비 bobys1@nate.com
ISBN 978-89-6051-295-5 14740
     978-89-6051-293-1 (세트)

책값은 뒤표지에 있습니다.
잘못된 책은 구입하신 서점에서 바꿔 드립니다.

원서보다 먼저 읽는
영어로 생물학
원서읽기연구소 지음

이다새

Studying Biology
in English

1 Introduction for the Learners

왜 원서 읽기에 실패를 거듭하는가?

흔히들 영어 원서 읽기를 '로망'으로 생각하곤 합니다. 하지만 대학에서 전공 공부에 충실하겠다고 결심한 이들이나 필요에 의해, 혹은 취미로 특정 분야의 지식을 혼자 공부하려고 하는 이들에게 해당 분야의 영어 원서 읽기란 '로망'이 아니라 반드시 갖춰야 할 '필요조건'이자 '소양'입니다.

그럼에도 영어 원서 읽기가 '로망'으로 치부되는 데에는 그만한 이유가 있습니다. 사실 상당수 대학에서는 수업 중에 영어 원서 교재가 사용됩니다. 심지어 일부에서는 아예 '원서 강독' 같은 과목을 개설하여 영어 원서 읽기를 독려합니다. 하지만 실제로 영어 원서를 끝까지 읽는 데 성공하는 경우는 열에 하나가 되지 않는 것이 현실입니다. 그러니 영어 원서 읽기가 '로망'이 될 수밖에요.

왜 이렇게 많은 사람들이 영어 원서 읽기에 실패하는 걸까요? 기초가 부족해서 그런 걸까요? 그렇다면 수능 영어 성적을 1등급으로 받은 학생들이 영어 원서 읽기에 실패하는 이유는 어떻게 해석해야 할까요? 사실 영어 원서를 읽는 데 실패하는 이유는 따로 있습니다.

첫째, 기초 용어에 대한 지식이 너무나 부족하다.

생물학을 예로 들어보겠습니다. 여러분은 이미 물질대사도 알고, 생물도 알고, 세포, 핵, 세포질, 단백질 그리고 핵산과 다당류를 알고 있습니다. 하지만 **metabolism, living organism, cell, nucleus, cytoplasm, protein, nucleic acid, polysaccharides**가 그에 해당하는 단어라는 것도 알고 있나요? 이렇게 기초 용어에 대한 지식이 부족하면 원서 읽기는커녕 사전에서 단어 찾기에 급급하게 됩니다. 그러다 보면 단어를 찾다 지쳐 영어 원서를 고이 모셔두게 되고요.

둘째, 표현이나 설명 방식이 낯설 때가 많다.

생물학을 예로 들어보겠습니다. 여러분은 바이러스가 무엇인지 이미 알고 있습니다. 하지만 바이러스에 대한 설명이 "What a virus is by definition is an infectious particle consisting of no more than genes packaged in a protein coat." 하고 나오면 곤혹스러워집니다. 왜냐하면 이 설명을 '정의상으로 바이러스는 단지 외피 단백질로 포장된 유전자들로 이루어진 전염성 입자에 지나지 않는다.'라고 우리말로 번역해도 내용을 단번에 파악하기 쉽지 않은데, 영어로 접하면 더욱 어렵게 느껴지기 때문입니다.

셋째, 모르는 내용을 접해야 하는 경우도 많다.

물론 우리말로 쓰인 책이라면 별 문제가 없습니다. 무슨 말이지, 잘 모르겠는데… 하면서도 차근차근 반복해서 읽다보면 어느 순간, 어느 정도 감이 오게 마련이니까요. 하지만 영어 원서의 내용은 파악하기가 쉽지 않습니다. 왜냐하면 내용을 잘 파악하지 못하는 이유가 단어를 몰라서 그러는 건지, 표현이나 설명 방식이 낯설어 그러는 건지, 내용 자체를 충분히 알지 못하는 건지 제대로 파악할 수 없기 때문이죠. 사실 이 문제는 기초 용어를 어느 정도 마스터하고, 영어식 표현이나 설명 방식에 익숙해지면 충분히 해결할 수 있습니다. 우리말로 쓰인 책을 읽을 때처럼 모르는 부분은 우선 넘어가고 계속해서 차근히 읽어나가면서 파악하면 되니까요.

왜 원서 읽기에 도전해야 하는가?

이야기가 이쯤 되면 "그러면 나는 번역서를 읽으면 되겠군." 하고 생각하는 경우가 많습니다. 그렇지만 유감스럽게도 소설이나 논픽션이 아닌 이상, 번역서를 읽는 것이 영어 원서 읽는 것 못지않게 어려운 경우가 많습니다.

이것은 오역이나 표현상의 한계로 생기는 문제가 아닌 구조적인 문제입니다. 우선 학술서나 전문서에 쓰이는 우리말은 그 자체가 어렵습니다. 예를 들어 철학에서 사용되는 오성(悟性)이라는 용어는 흔히 논리적으로 설명이 어려운 정신적 깨달음으로 사유하는 능력을 뜻하는데, 영어에서는 understanding이라고 하고, sensibility(감성) 또는 perception(지각)과 대립하는 개념으로 사용됩니다. 어떤가요? 오성보다 understanding이 훨씬 더 쉽게 다가오지 않나요?

게다가 아무리 번역을 잘해도 원서의 의미를 100% 정확하게 전달할 수 없습니다. 학술서나 전문서를 제대로 번역하려면 해당 분야에 대한 풍부한 지식은 물론 우리말 표현에도 능숙해야 하는데, 이 모두를 다 갖추는 것이 현실적으로 불가능하기 때문입니다. 해당 분야에 대한 지식이 풍부한 사람은 우리말로 전달하는 솜씨가 상대적으로 떨어지기 쉽고, 우리말로 전달하는 솜씨가 뛰어난 사람은 상대적으로 해당 분야에 대한 지식이 충분하기 어렵기 때문입니다.

여기저기에서 "원서로 공부하는 게 더 쉬워!" 하는 소리가 나오는 것도 바로 이런 이유에서입니다. 하지만 번역서를 가지고 공부할 때 생길 수 있는 심각한 문제는 따로 있습니다.

첫째, 번역량 자체가 턱없이 부족하다!

우선 수많은 영어 원서들이 제때에 모두 번역되어 소개되지 않습니다. 국내에서 우리가 접할 수 있는 번역서는 그 양이 절대적으로 부족합니다. 현재 우리나라에서 매년 출간되는 약 4만 종(2102년 통계)의 도서 가운데 번역서는 약 25%를 차지하여 1만 종 정도가 출간된다고 합니다. 이는 전 세계에서 1년에 발행되는 도서 약 100만 종 가운데 국내에는 약 1% 정도만이 소개되고 있다는 의미입니다. 하루가 다르게 변화하고 발전하는 세계의 많은 지식과 정보, 그 가운데서도 책으로 엮어진 것의 1%만을 우리말로 읽을 수 있다는 의미입니다. 결국 세계의 앞선 지식을 모국어로 습득하기에는 번역량 자체가 턱없이 부족한 것이지요.

둘째, 논문은 번역 자체가 안 된다!

문제는 번역서의 종수만이 아닙니다. 인터넷의 경우, 정보의 70%가 영어로 되어 있습니다. 그뿐인가요. 과학기술논문 인용색인(SCI) 등재 저널 수의 75%, 사회과학논문 인용색인(SSCI) 등재 저널 수의 85%가 영어권 저널입니다. 이렇듯 수많은 학문적 이론이나 지식, 정보가 영어 논문의 형태로 작성되어 쏟아져나오고 있지만 이 논문들이 번역될 가능성은 거의 없습니다. 결국 영어 원서 읽기가 안 되면 이 많은 논문들은 그야말로 그림의 떡이 되는 거죠.

2 How to Use This Book

 이 책은 생물학을 공부하는 학생들이 생물학 관련 영어 원서 읽기에 보다 수월하게 적응할 수 있도록 돕는 것을 목표로 하고 있습니다.

기초 용어 확인은 basic concept

 본격적인 원서 읽기에 나서기 전에 해당 단원의 주제와 관련된 기초 용어들을 최대한 빨리 확인하고 습득할 수 있도록 영한 혼용 방식으로 구성한 코너입니다. 이 코너를 통해 여러분이 알고 있는 자연과학 관련 기초 용어들의 영어 표현을 확인할 수 있으니 가급적 사전을 찾지 말고 한번에 쭉 읽으면서 영어와 한글을 동시에 여러분의 머릿속에 입력해보세요. 여기에 나오는 기초 용어는 이 단원에서 최소 3번 이상 반복해서 만나게 되니 굳이 따로 단어를 여러 번 쓰면서 일부러 외우지 않아도 자연스럽게 익히게 됩니다.

원서 읽기 도전은 reading biology

 영한 대역 방식으로 원서 읽기를 훈련하는 코너로, 우리가 알고 있던 자연과학 지식이 영어로 어떻게 표현되는지 구체적으로 확인할 수 있습니다. 여기에 수록된 제시문의 내용은 대부분 여러분이 이미 공부했거나 각종 매체들을 통해 한 번쯤은 접했던 것들입니다. 그렇기 때문에 비록 전문 용어가 많고, 문장이 까다로워 보여도 차근차근 읽다보면 충분히 이해할 수 있고, 횟수를 거듭하며 읽다보면 읽는 속도가 빨라지면서 재미가 붙을 것입니다.
 우리말 대역 부분에는 주요 기초 용어는 물론 까다로운 단어와 숙어, 구문까지 한글 옆에 병기해 원서 읽기에 실질적인 도움을 줄 수 있도록 했습니다. 이 부분 역시 본문을 쭉 읽어나가는 것만으로도 학습이 되도록 구성했지만,

영어 실력이 부족하다고 느끼면 우리말 대역 부분을 먼저 보고 영어 부분을 읽어도 괜찮습니다. 다만 이후로는 반드시 영어 부분을 먼저 읽되, 최종적으로는 우리말 해석에 의존하지 않고 영어 부분을 읽을 수 있기를 바랍니다.

영어 문제 훈련은 problem solving

영어로 문제를 풀어보는 코너로, 시험에서 영어로 된 문제가 나왔을 때 당황하지 않도록 하기 위해 만들어졌습니다. 이 코너를 통해 생물학 분야의 시험 문제가 영어로는 어떻게 출제되는지 경험할 수 있습니다.

복습에 추가 지식까지 rest in biology

주제와 관련된 흥미로운 인물이나 사건의 에피소드를 읽으며 앞서 배운 내용을 복습하는 코너입니다. 주요 용어나 개념을 재미있게 복습하면서 이미 알고 있던 지식과 에피소드를 연결하여 배운 내용을 잊지 않도록 하는 동시에 다양한 상식을 배울 수 있도록 구성했습니다.

머리말 5

1 Inquiry and Observation 조사와 관찰 13

2 Ecosystem 생태계 37

3 Biodiversity: Organism and Environment
생물다양성: 생물과 환경 59

4 Microorganism: Viruses 미생물: 바이러스 81

5 Basic Units of Life: Cell 생물의 기본 단위: 세포 109

6 Growth and Proliferation of Cell 세포의 생장과 증식 133

7 Organism's Genetic Traits and Heredity
생물의 유전적 특성과 유전 155

8 Sustaining Life in Living Organisms: Metabolism
생물의 생명 유지: 물질대사 179

9 Human Body and Hormones 인간의 신체와 호르몬 205

10 Human Body and Disease 인간의 신체와 질병 229

생물 용어 색인 250

1

Inquiry and Observation
조사와 관찰

우리가 지식을 얻는 세 가지 principal means(주요 방법)가 있다. 그것은 nature(자연)를 observe(관찰)하고 reflect(반영)하며 experiment(실험)하는 것이다. Observation(관찰)은 사실을 모으고 reflection(반영)은 그들을 결합하며 experiment는 그 결합물의 결과를 확인한다. Nature에 대한 우리의 observation은 성실해야 하며 reflection은 심오해야 하고 experiment는 정확해야 한다.

—Denis Diderot(드니 디드로)

basic concept

과학적 조사
Experiments and Observations

Science(과학)란 natural phenomena(자연 현상)와 object(사물)에 대한 facts of experience(경험적 사실)들을 근거로 elicit(이끌어내다)한 objectivity(객관성)와 universality(보편성)가 인정되는 체계화된 지식을 말한다. 따라서 science의 탐구는 주의 깊은 observation과 theoretical(이론적)하고 experimental(실험적)한 방법을 통해 nature에 대한 quest(탐구)를 perform(수행)하고 이를 바탕으로 지식을 체계화하여 natural phenomena를 revealed(밝혀내다)하는 과정이 되어야 한다.

Science의 탐구 방법은 크게 inductive method(귀납적 방법)와 deductive method(연역적 방법)로 나눌 수 있다. Inductive method는 특수한 사례로부터 general rule(일반적 법칙)을 elicit하는 방법이다. Hypothesis(가설)를 set(설정)하는 단계 없이 observe한 결과를 종합하고 분석하여, observe된 사실로부터 보편적인 principle rule(원리 법칙)을 draw(끌어내다)한다. Observation(관찰)에는 five senses(오감)를 사용하며 measurement tool(측정 도구)을 이용할 수 있다.

Charles Darwin(찰스 다윈)은 갈라파고스 제도의 living organism(생물)을 탐사하고 observation의 결과를 설명하기 위해 transformism(진화설)을 도입했다. Darwin이 세계 여러 곳의 animal(동물), plant(식물), fossil(화석) 등에 대한 자료를 종합해 natural selection(자연선택)을 근간으로 하는 evolution(진화)을 언급한 것은 inductive inquiry(귀납적 탐구)에 의한 것이다.

그러나 deductive method는 hypothesis를 set하여 experiment를 통해 검증하고 이로부터 일반적인 principle을 derive(도출)하는 것이다.

Hypothesis

Observe한 사실에 대한 잠정적인 해답을 hypothesis라고 하며, 이것은 inquiry(탐구)에서 매우 중요한 단계다. Hypothesis는 옳을 수도 있고 그를 수도 있다. 또한 observe한 사실을 설명할 수 있고 experiment나 observation을 통해 객관적으로 검증할 수 있는 형태로 세워야 한다. Scientific inquiry(과학적 탐구)는 "이건 왜 그럴까?" 하는 consciousness of the problem(문제 의식)으로부터 시작된다. 문제를 인식하고 이를 해결하기 위해 나름대로 conclusion(결론)을 내 보는 것이 hypothesis set이다. 그러므로 이를 검증하기 위해 experiment를 design(설계)하는 inquiry의 과정은 hypothesis를 증명할 수 있는 내용을 contain(포함)해야 한다.

Inquiry

Inquiry의 design 및 execution(수행)은 hypothesis를 검증하는 단계다. 그러므로 experiment 결과의 objectivity와 validity(타당성)를 확보하기 위해 experimental group(실험군)과 control group(대조군)을 설정하여 control experiment(대조 실험)를 하고 variable(변인)을 통제해야 한다. Control experiment는 experimental group과 control group을 비교함으로써 single experiment(단독 실험)의 오류를 방지하기 위한 것이다. Experimental group은 원하는 experiment의 결과를 알아보기 위해 manipulation(조작)을 가하는 집단, control group은 experimental group의 experiment의 결과를 비교할 수 있는 기준이 되는 집단을 말한다. Control group은 인위적인 experiment의 요인을 변화시키지 않고 그대로 둔다. 그리고 조작 변인을 제외한 나머지 variable은 experimental group과 동일하게 두어 조작 변인의 효과를 확인하는 기준이 되게 한다.

Experiment

Experiment와 관련된 요인으로 independent variable(독립 변인)과 dependent variable(종속 변인)이 있다. Independent variable은 experiment에 영향을 주기 위해 독립적으로 변화시키는 요인으로 조작 변인과 통제 변인이 있다.

조작 변인은 experiment의 목적을 위해 변화시켜야 하는 variable이고, 통제 변인은 experiment에서 일정하게 유지시켜야 하는 variable이다. 이때 조건을 일정하게 유지시키는 활동을 controlling variable(변인 통제)이라고 한다. Dependent variable은 다른 independent variable의 변화에 따라 종속적으로 변화하는 요인이다.

Interpretation

Experiment나 observation에서 얻은 자료를 표나 그래프로 정리하고 분석하여 hypothesis를 검증할 수 있는 경향성이나 규칙성을 찾아내는 과정이 바로 data analysis(자료 분석)다.

Data analysis로 얻어진 결과를 종합하여 conclusion을 derive하고 여기에서 객관적이고 타당한 general rule을 elicit한다. 다른 scientist(과학자)들에 의해 동일한 결과가 반복적으로 얻어지면 generalized(일반화)할 수 있다. 만약 처음에 설정한 hypothesis와 다른 conclusion이 derive되었다면 새로 수정한 hypothesis를 세우거나 experimental method(실험 방법)상의 오류를 찾아 수정한 후 다시 experiment한다.

Deductive quest

Deductive method는 hypothesis를 설정하고 experiment를 통해 이를 검증한다는 점에서 inductive method와 차이가 있다. Scientific inquiry에서는 experiment를 통한 deductive method를 inductive method보다 객관적이고 타당한 방법으로 여기고 favor(선호)하는 tendency(경향)가 있다.

reading biology

과학적 방법(scientific method)은 세심한 추측과 후속 실험을 통해 어떤 분야에 대한 새로운 지식을 얻기 위해(to acquire) 사용되는 기법이다. 특정한 사고 원칙(specific doctrines of thinking)을 바탕으로 획득된 자료와 자료가 습득되는 과정은 이들 자료와 과정을 더욱 과학적으로 만든다.

기초 과학

과학은 우리를 둘러싼 세상을 이해하려는 방법이다. 과학은 호기심을 통해서 탄생되었고, 많은 사람들의 노력과 수고를 통해 지속적으로 계속 꽃피우고 있다. 그것은 생명과 우리를 둘러싼 세계를 이해하려는 인간의 기본적 욕구 중 하나다.

- 질문

1 과학의 핵심: 질문(inquiry)의 목적은 정보에 대한 세심한 탐색(search)을 통해 무언가에 대한 정보를 알아내는(find out) 것이다. 특정 질문들은 답에 이르기 위해 던져지는 것이다. 질문 이용의 가장 유명한 사례 중 하나는 찰스 다윈이 종의 진화(evolution of species)와 적응(adaptation)에 관한 정보를 얻기 위해 사용한 방법이다. 오늘날에도 질문은 분자 수준에서 나타나고 그것은 생물학의 진보와 발전의 배후에(behind) 있는 견인차다.

2 정해진 방식은 없다: 과학적 연구는 어떠한 엄격한 규칙이나 과정도 고수한다. 사실(In fact) 과학적 연구는 행운, 인내, 창의성과 추론(reasoning) 같은 것을 신중히 다룬다. 연구의 이러한 요소들 때문에 과학은

The scientific method is the techniques that are used to acquire new knowledge, on a field, through the use of careful guesswork and subsequent experimentation. The data that is obtained and the process, by which the data is had, make it scientific based on specific doctrines of thinking.

Basic science

Science is how we attempt to understand the world around us. Through curiosity science was born and through endeavors and the hard work of many it continues to blossom. It is truly one of the basic human needs to understand life and the world around us.

• Inquiry

1 The heart of science: The goal of inquiry is to find out information on something through a careful search for information. Specific questions are asked to arrive at the answer in inquiry. One of the most famous examples of inquiry use was how Charles Darwin used it to gather information about the evolution of species and adaptation. Even today inquiry is seen at the molecular level and it is the locomotive behind progress and growth in biology.
2 No set formula: Scientific inquiry does adhere to any strict set of rules or processes. In fact, scientific inquiry deals carefully

대다수의 사람들이 생각하는 것과는 많이 다르다. 그럼에도 불구하고 (Still) 과학과 자연을 설명하는 다른 방법을 구별하는 것은 가능하다.

3 과정: 과정은 관찰하기(making observations), 가설 만들기(forming a hypothesis), 그 다음에 가설 시험하기(testing out the hypothesis)를 포함한다. 경우에 따라서는(In some cases) 다양한 실험이 수반되는 복합 가설이나 가설이 형성된다. 전 과정이 지루하고 반복적이지만 전적으로 필요하다. 때로는 주의 깊은 관찰을 통하여 가설을 수정한 후 재시험해야 한다. 과학자들이 훌륭하고 확실한 가설을 설정할수록 그들은 자연의 법칙(laws of nature)이라는 답에 이르게 된다. 아래의 그림에서 보다시피 과학적 방법은 구체적인 성과를 달성할 때까지 원형 패턴을 따른다.

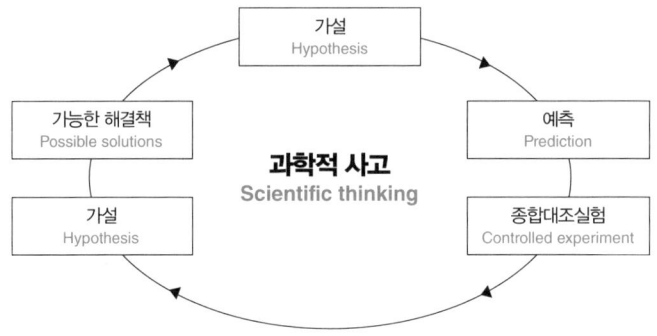

- 관찰

우리는 주의 깊은 관찰을 통해 세포 구조를 완전히 이해할 수 있을 뿐만 아니라 다양한 종의 유전체 목록을 확장할 수 있었다.

1 감각의 사용: 가설을 제대로 검증하기 위해서는(In order to) 정보를 모을 수 있어야 한다. 이 과정은 현미경과 같이 우리를 도울 수 있는 특정 도구 사용을 포함한다. 현미경 사용은 우리 인체가 쉽게 확인할 수 없는 정보를 수집할 수 있도록 해주기 때문에 중요하다. 우리가 무언가를 기록할 때 그것은 자료의 형태로 기록된다. 두 가지 유형의 자료가 있는데, 그 두

with things such as luck, patience, creativity and reasoning. Because of these elements of inquiry science is much different from what most people might think. Still it is possible to distinguish between science and other ways of explaining nature.

3. The process: The process involves making observations, forming a hypothesis and then testing out the hypothesis. In some cases multiple hypothesis or hypotheses can be formed to be tested. The entire process is tedious and repetitive but entirely necessary. Sometimes through careful observation a hypothesis must be revised and subsequently retested. The closer scientists get to a good, solid hypothesis the closer they get to the answer of the laws of nature. As you can see in figure below the scientific method follows a circular pattern until a concrete result is achieved.

- Observation

Through careful observation we have been able to expand our catalogue of genomes of varied species as well as thoroughly understand cell structure.

1. Using the senses: In order to properly test a hypothesis one must be able to gather information. This process involves using specific tools that can help us such as a microscope. Using a microscope is important because it allows us to gather information that the human body cannot readily identify. When we record something it is written down in the form of data. There are two types of data those two being quantitative and qualitative. Quantitative data involves numbers and while

가지는 정량적 자료(quantitative data)와 정성적 자료(qualitative data)를 말한다. 정량적 자료는 수량을 포함하지만 과학의 주요 초점은 유용한 정성적 자료다. 대부분의 정량적 자료는 차트와 그래프 형태로 연구 교재에서 쉽게 찾을 수 있다. 정성적 자료의 한 유명한 사례는 야생 침팬지에 대한 세심한 관찰이다. 기록된 관찰이 실험하는 동안 얻을 수 있는 유일한 종류의 정성적 자료는 아니다. 다른 종류의 자료로는 비디오와 사진이 포함된다.

2 가설: 관찰에 대한 이해를 돕도록 설명과 원인을 찾아내는(seek out) 것은 자연스러운 일이다. 날씨에는 엄청나게 많은 이런 사례가 가득 차 있다. 포장도로나 사막의 모래 같은 뜨거운 표면에 보이는 신기루나 이미지가 한 예다. 또 다른 사례로는 하늘과 비너스 벨트(belt of Venus)로 알려진 지평선 사이에 나타나는 분홍색 또는 갈색 하늘이 될 수도 있다. 또는 일반적인 번개보다 훨씬 느리게 이동하고 건물 전체를 파괴할 수 있는 구상 번개(ball lightning)는 어떨까?

3 형성: 과학적 가설은 추가적인 관찰이나 실험으로 검증될 수 있는 추측으로 이어진다(leads to guesses). 일상생활에서 우리는 가설을 형성한다. 하지만 우리는 그것을 인식하지 못한다. 한 예로 좋아하는 시계를 학교에 가져왔는데 나중에 알고 보니 시계 바늘(hands)이 움직이지 않는 것을 깨닫는다. 시계가 작동하지 않을 수 있는 몇 가지 이유가 있다. 하나는 시계 안의 배터리가 다 떨어졌을 수 있고 다른 하나는 시계 안의 기어가 제대로 작동하지 않을 수도 있다. 이제 여러분은 두 가지 예측을 했으니 어떤 것이 정답 가능성이 있는지 알아보기 위해 실험을 시작할 수 있다. 배터리가 다 되었다고 예측한다면 시계 안의 배터리를 교체하여 이 문제를 해결할 수 있을 것이다. 시행착오를 통해(by trial and error) 문제를 해결하고 싶어 하는 경향은 자연스러운 과정의 일환이므로 가설에 근거한 검증은 인간 본성의 출발점이다.

4 시험: 귀납적인 추론(Inductive reasoning)은 다수의 특정 관찰로부터 일반화를 형성하는 것이다. 주의 깊은 관찰과 데이터 분석은 자연을 이

useful qualitative data is the main focus in science. Most quantitative data can easily be found in research texts in the form of charts and graphs. One famous example of qualitative data is the careful observation of chimpanzees in the wild. Written observation is not the only kind of qualitative data that can be obtained during experimentation, other types of data include videos and photos.

2 Hypothesis: It's natural to seek out explanations and causes to help us understand observations. Weather is full of a ton of these examples. One example is a mirage or image that is seen on a hot surface like the pavement or desert sand. Another might be the pinkish or brownish sky that appears between the sky and the horizon known as the belt of Venus. Or how about the ball lightning that moves much slower than normal lightning and can destroy entire buildings?

3 Forming of: A scientific hypothesis leads to guesses that can be tested by making further observations or by performing experiments. In our everyday life we form hypotheses, yet we are not even aware of it. One example might be you brought your favorite watch with you to school only to realize later that the hands are not moving. There are a few reasons that the watch might not be working. One is that the batteries inside the watch might have died and the other is that it's possible the gears inside are not working properly. Now that you have made your two predictions you can start to experiment to see which the possible right answer is. If we are to predict that the battery is dead then by replacing the batteries in the watch we would be able to solve this problem.

해하는 데 매우 중요하다(vital to). 연역적 추리는 종합적인 결론(overall conclusion)에 이르기 위한 일련의 정밀한 관찰에서 나오는 추론이다. 연역적 방법은 흔히 "만약에… 그렇다면(if… then)" 논법 형태를 취한다. 따라서 우리는 위에서 대략적으로 설명한 시계의 예를 사용하여 배터리가 다 떨어졌다는 것이 가설이라면 배터리를 교체함으로써 시계는 다시 작동하게 될 것이라고 말할 수 있다.

5 과학적 방법의 유연성: 우리는 이미 과학적 방법이 어떻게 일련의 독특한 지침을 따르지 않는가에 대해 논의했다. 하지만 대신에 과학적 방법은 과학자가 만족할 때까지 몇 번이고 반복해서(over again) 수정될 수 있다. 때로 더 많은 기초 자료가 필요하다고 확신하면 되짚어보는(back-track) 것이 필요하다. 과학자들은 그들이 잘못된 질문들을 해왔다는 것을 알자마자 종래의(in the past) 질문 방향을 되돌려야 했다. 이것은 좌절이 아닌 오히려 과학적 방법에서는 흔히 일어나는 일이다. 왜냐하면 적절한 결론에 이르기 위한 데이터의 양에 이르기까지 수년이 걸릴 수도 있기 때문이다.

6 검증이 가능할 것: 가설이 타당한지(valid) 확인할 수 있는 어떤 방법이 있을 것이다. 우리는 가설이 사실임을 입증하거나 반증하는 실험을 고안하고 실행할 수 있어야 한다.

7 반증이 가능할 것: 어떤 실험 결과가 사실이 아님을 증명하는(to verify) 실험이나 관찰이 있어야 한다. 배터리가 다 떨어진 시계의 경우, 우리는 수명이 다 된 배터리의 가설이 사실이 아님을 증명해야 할 것이다. 이렇게 함으로써 우리는 시계의 배터리를 교체하고 시계가 여전히 작동하지 않음을 확인하여 가설이 사실이 아니었음을 증명한다. 과학의 법칙에 맞지 않는 여러 가지 실험을 수행할 필요는 없다. 예를 들어 한 천사가 다시 시계를 작동하고 배터리를 교체하지 않게 만들었다는 것을 시험하는 것은 명백한(obvious) 이유로 타당한 시험이 되지 못할 것이다. 이러한 초자연적인 현상(supernatural phenomena)은 과학의 분야를 벗어난 것으로 유령, 악마 또는 영혼이 세상에 피해나 재난을 일으킨다, 라는

It is a part of our natural process to tend to want to solve things by trial and error; therefore the hypothesis based testing garnered its beginnings from human nature.

4 Testing of: Inductive reasoning is the forming of generalizations from a large number of specific observations. Careful observations and data analyses are vital to our understanding of nature. Deductive reasoning is reason from a set of precise observations to reach an overall conclusion. The deductive method usually takes the form of "if...then" logic. Therefore by using the watch example, as outlined above, we can say that if the batteries' being dead is the hypothesis then by replacing the batteries the watch should work.

5 The flexibility of the scientific method: We have already discussed how the scientific method does not follow one unique set of instructions, but instead it can be revised and re-revised over again until the scientist is satisfied. Sometimes it's necessary to backtrack once one is convinced that more preliminary data is necessary. Scientists have even in the past had to redirect their questions upon learning that they have been asking the wrong questions. This is not seen as a setback but rather a common occurrence with the scientific method because the amount of data to reach an appropriate conclusion may take years to arrive at.

6 Testable: There must be some way that a hypothesis can be checked to make sure that it is valid. We must be able to devise and carryout an experiment that proves or disproves the hypothesis to be true.

7 Falsifiable: There must be some experiment or observation

것들이 있다.

8 대조 실험: 대조 실험은 대조군(control group)을 실험군(experimental group)과 비교하도록 설계되어 있다. 이상적인 대조 실험은 실험군과 대조군의 실험 조건에 약간의 차이만 있는 것이다. 대조군이 있는 주요 이유는 연구자가 실험에 영향을 줄 수 있는 모든 종류의 요인을 배제하도록 하는 것이다. 사람들이 저지르는 한 가지 흔한 실수는 대조 실험은 시험되는 변수만이 다를 정도로 실험 환경이 통제되고 있다고 전제하는 것이다. 이것은 연구 현장(field research)에서 불가능하고 대신에 "대조"란 대조군을 이용하여 실험 변수의 효과를 상쇄시켜(cancel out) 바람직하지 않은 변수를 제거함을 의미한다. 게다가(Additionally) 실험 결과가 성공하기 위해서는 후속 실험들을 통해 반복적이고 일관되게 동일한 결과를 보여야 한다. 이것이 증거가 작동하기 시작하는 곳으로, 누구나 결과에 달성했다고 주장할 수 있지만 진정한 결과는 재현될 수 있어야 한다.

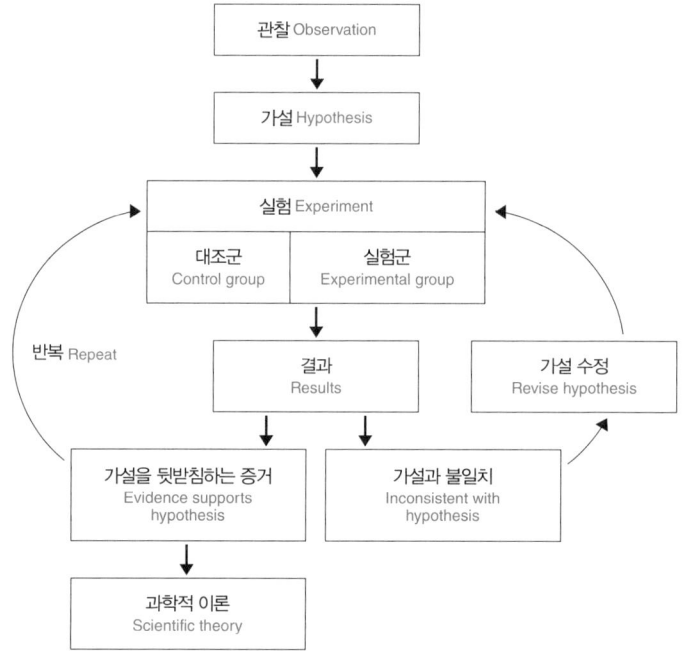

to verify that a test is not true. In the case of the watch with the dead batteries we would have to prove that the hypothesis of dead batteries is not true. By doing this we would have to replace the batteries in the watch and see that the watch was still not working to verify that this hypothesis was not true. Many experiments simply cannot be done because they defy the laws of science. For example testing that an angel is what made the watch start working again and not replacing the batteries would not be a valid test, for obvious reasons. Such supernatural phenomena are outside the branch of science such as those that say ghosts, demons or spirits cause harm or disasters in this world.

8 Controlled experiments: A controlled experiment is one that is designed to compare a control group to an experimental group. An ideal controlled experiment is one in which the experimental group differs only slightly from the control group. The main reason why there is a control group is to help researchers rule out any other sort of factors as causes. One common mistake that people make is assuming that a controlled experiment means that the environment is controlled to the point that only the variable being tested is different. This is impossible in field research and instead the "control" means to cancel out any undesirable variables by cancelling out their effects using control groups. Additionally, in order for results to become viable they must be shown repeatedly and consistently with subsequent experiments. This is where evidence comes into play, and anyone can claim to have achieved a result but a true result must be repeatable.

problem solving

문제1 수지는 핵이 포함된 100개의 세포와 핵이 포함되지 않은 100개의 세포로 분리한 후 각각의 세포군을 배양액이 든 용기에 넣어 동일한 조건에 둔 후 20일에 걸쳐 생존한 세포 조각의 수를 조사하였다. 다음의 표가 그 결과다. 아래 실험의 조작 변인과 종속 변인을 바르게 짝지은 것을 고르라.

	핵이 포함되지 않은 세포 조각	핵이 포함된 세포 조각
처음의 표본 수	100	100
1일 후 생존 수	75	76
5일 후 생존 수	60	71
10일 후 생존 수	30	65
20일 후 생존 수	2	65

	조작 변인	종속 변인
①	세포 배양액의 양	세포 조각의 생존 수
②	세포 조각의 크기	세포 조각의 생존 여부
③	세포 조각의 생존 수	세포 조각의 핵 유무
④	세포 조각의 핵 유무	세포 조각의 생존 수
⑤	세포 조각의 핵 유무	세포 조각의 크기

Example 1 Sooji splitted each 100 cells into two pieces allowing only one of each two pieces to have a nucleus. Then put all the pieces into a culture medium under same conditions for 20 days and investigate the number of cell pieces survived. The result is as follows. Choose the correct pair of a manipulated variable and dependent variable from the experiment below.

	cell piece without nucleus	cell piece containing nucleus
initial number of samples	100	100
number surviving after 1 day	75	76
number surviving after 5 days	60	71
number surviving after 10 days	30	65
number surviving after 20 days	2	65

	manipulated variable	dependent variable
①	quantity of culture medium	number surviving of cell pieces
②	size of a cell piece	survival of cell pieces
③	number surviving of cell pieces	existence of nucleus in a cell piece
④	existence of nucleus in a cell piece	number surviving of cell pieces
⑤	existence of nucleus in a cell piece	size of a cell piece

문제 2 다음은 최초의 항생제인 페니실린을 발견한 플레밍이 수행한 탐구 과정의 일부다. 아래의 실험 가설로 타당한 것을 고르라.

> 관찰 및 문제 인식: 세균을 배양하던 배지에서 우연히 푸른곰팡이가 자랐고 그 주변에는 세균이 증식하지 않았다. 왜 이런 현상이 일어났을까?
> 가설: _____
> 실험: 푸른곰팡이를 액상 배지에 배양한 후, 이 배양액이 세균 증식에 미치는 영향을 조사하였다.
> 결과: 배양액이 세균 증식을 멈추게 하였다.
> 결론: 푸른곰팡이는 세균 증식을 멈추게 하였다.
>
> 플레밍은 이 물질을 분리하여 그 특성을 조사하였고 페니실린이라고 명명하였다.

① 푸른곰팡이와 세균은 공생 관계에 있다.
② 푸른곰팡이는 세균이 자란 배지를 오염시킨다.
③ 푸른곰팡이는 인간에게 유익한 물질을 만든다.
④ 푸른곰팡이는 세균 증식에 유익한 물질을 만든다.
⑤ 푸른곰팡이는 세균 증식을 멈추게 하는 물질을 만든다.

Example 2 Following is a part of inquiry process conducted by Flemming who discovered the first antibiotic, Penicillin. Choose the correct hypothesis for the experiment below.

> Observation and Problem: Blue mold grew by chance in a medium which was cultivating bacteria and no bacteria multiplied around it. Why such phenomenon happens?
> Hypothesis: _____
> Experiment: After culturing blue mold in liquid, investigate how the culture fluid influence bacterial multiplication.
> Result: The culture fluid stopped bacterial multiplication.
> Conclusion: Blue mold stops bacterial multiplication.
>
> Flemming isolated this substance and investigated then named it Penicillin.

① Blue mold and bacteria have a symbiosis relationship.
② Blue mold contaminates the medium which bacteria are cultivated.
③ Blue mold produces beneficial substances for human.
④ Blue mold produces beneficial substances for bacterial multiplication.
⑤ Blue mold produces the substance which stops bacterial multiplication.

문제3 한 과학자가 사람의 위벽에 살고 있는 세균을 발견한 후 수행한 탐구 과정의 일부다. 아래의 탐구 과정에서 과학자가 가정하고 있는 것을 고르라.

> 문제: 위염에 관해 연구하던 중 위염에 걸린 환자의 위벽에 세균이 사는 것을 발견하고 위염과 어떤 관계가 있는지 의문이 생겼다.
> 가설: 위벽에 서식하는 세균은 위염 발생의 원인이 될 것이다.
> 실험과 결과: 위염 환자의 위벽에서 추출한 세균을 배양하여 건강한 실험용 쥐에게 감염시켰다. 그 결과 쥐에게서 위염 증상이 나타났고 쥐의 위벽에서는 감염시킨 것과 같은 종류의 세균이 발견되었다.
>
> 위염 환자에게 항생제를 복용시켰더니 위염이 치료되었고 세균은 발견되지 않았다.

① 개인마다 세균에 대한 저항력이 다르다.
② 발견된 세균은 위에서만 서식할 수 있다.
③ 쥐는 사람보다 위염을 유발하는 세균에 더욱 취약하다.
④ 사람의 위벽과 쥐의 위벽은 기능과 특성이 비슷하다.
⑤ 항생제를 오래 복용하면 세균이 내성을 갖게 되어 항생제의 약효가 떨어진다.

➡ 해답 **1.** ④ **2.** ⑤ **3.** ④

Example 3 Following is a part of inquiry process conducted by a scientist after he discovered a bacterium which lives on human stomach wall. Choose the hypothesis of the scientist on inquiry process below.

> Problem: During his investigation on gastritis, he discovered bacteria which lives on patient's stomach wall and had a question if it has a relationship with gastritis.
> Hypothesis: Bacteria which live on stomach wall could be a cause of gastritis.
> Experiment and Result: Cultivated bacteria which abstracted from a gastritis patient and infected a healthy mouse. As a result, mouse showed symptoms of gastritis and same type of bacteria was found on mouse's stomach wall.
>
> Gave antibiotics to a gastritis patient, his gastritis was cured and no bacteria were found.

① Every individual have different resistance to bacteria.
② Discovered bacteria can only live on stomach.
③ Mouse is more vulnerable to bacteria which cause gastritis than human.
④ Human's stomach wall and mouse's stomach wall have similar function and characteristics.
⑤ Bacteria will be tolerated to antibiotics if one takes it for long time, therefore, it will lower the efficiency of antibiotics.

rest in biology

[Scientific inquiry의 사례] **Penicillin**(페니실린)의 발견

　어느 날 우연히 Alexander Fleming(알렉산더 플레밍, 1881~1955)은 penicillium(푸른곰팡이)의 주변에 bacteria(세균)가 proliferation(증식)을 하지 못하는 것을 보게 되었다. 그래서 그는 모든 조건이 동일한 culture dish(배양 접시)를 두 개 만들어 한쪽에는 penicillium culture solution(푸른곰팡이 배양액)을 넣고, 다른 한쪽에는 넣지 않은 채로 지켜보았다. 그 결과 penicillium culture solution을 넣은 culture medium(배지)에서는 bacteria가 자라지 못했고, penicillium culture solution을 넣지 않은 것에서 bacteria가 proliferation을 하는 것을 확인하였다. Fleming은 penicillium이 bacteria의 proliferation을 억제하는 물질을 만든다고 conclusion을 내렸다. 그리고 이를 penicillin이라고 명명했다. 그 후 이 물질은 Howard Florey(하워드 플로리)와 Ernst Chain(언스트 체인)에 의해 refine(정제)되어 medicine(약품)으로 개발되었다.
　Fleming의 이 연구로 antibiotics(항생제)의 원리 연구가 촉진되어 후대에 microorganism(미생물)을 이용한 various(다양)한 antibiotics(항생제)가 만들어졌다.

[Scientific inquiry의 사례] **Anthrax vaccine**(탄저병 백신)의 발견

　Louis Pasteur(루이 파스퇴르, 1822~1895)는 독성을 약화시킨 bacteria of anthrax(탄저균)로 만든 vaccine(백신)을 양에게 inject(주사)하면 anthrax를 prevention(예방)을 할 수 있을 것이라고 생각했다. 그리하여 양을 두 그룹으로 나누어 한쪽에는 anthrax vaccine을 inoculate(접종)한 후 다시 맹독성 bacteria of anthrax를 inject했고, 다른 한쪽에는 맹독성 bacteria of anthrax만 inject했다. 이 experiment의 결과, vaccine을 inject한 양들은 건강했고 vaccine을 inject하지 않은 양들은 모두 죽었다. 이것으로 Pasteur는 최초로 vaccine의 principle을 알아내어 epidemic(전염병)의 prevention을 가능하게 했다.

　Anthrax vaccine을 만들었으나 많은 doctor(의사)와 veterinarian(수의사)들이 vaccine의 efficacy(효능)를 dismiss(무시)하고 safety(안전성)를 의심했기 때문에 Pasteur는 public experiment(공개 실험)를 하였다. 그는 그만큼 자신만만했다.

　Public experiment에서 Pasteur는 comparison(비교)을 위해 60마리의 양 중 10마리를 따로 남겨 놓았다. 그는 50마리의 양을 두 그룹으로 나누어 25마리에만 한쪽 귀에 구멍을 뚫고 anthrax vaccine을 inoculate했다. 그런 다음 50마리 모두 목장에 풀어 놓았다.

　그로부터 2주 뒤 inoculate한 양들은 가벼운 anthrax에 걸렸으나 모두 회복되었다. 며칠 후 Pasteur와 그의 조수들은 목장에 가서 양들에게 vaccine을 한 번 더 inoculate했고 두 번째 anthrax가 회복될 때까지 방목했다. 다시 2주 후 Pasteur가 50마리의 양 전부에 맹독성의 새로운 cultured bacteria(배양균)를 inoculate했다.

　Pasteur는 inoculate하지 않았던 25마리의 양은 전부 죽을 것이고 inoculate한 양은 한 마리도 죽지 않고 symptom(증상)도 나타나지 않을 것이라고 anticipate(예상)했다. Pasteur의 예측은 hit all(적중)했다. 25마리의 양은 모두 죽었으나 inoculate한 양은 모두 살았다.

　이에 관해 유명한 journal(신문)의 correspondent(특파원)는 다음과 같이 기술했다고 한다.

　"25마리의 죽은 양이 한 장소에 묻혔다. 그리고 다시 inoculate한 양과 inoculate하지 않은 양으로 experiment를 하게 되었다. 그러나 결과는 뻔하다. 이제 농업계는 문제의 그 병에 prevention이 존재한다는 사실을 알게 되었다. 이 prevention은 비싸지도 않고 어렵지도 않다. 한 사람이 하루에 1,000마리의 양에 inoculate할 수 있기 때문이다."

　Public experiment 이후, vaccine을 2년 동안 10만 마리의 양에 inoculate했는데 그중 anthrax로 죽은 것은 단 650마리뿐이었으며 inoculate하지 않은 양은 10만 마리당 약 9,000마리가 죽었다고 한다. 그 후 12년 동안 300만 마리 이상의 동물에 vaccine을 inoculate했다. Pasteur의 vaccination(예방 접종)으로 프랑스는 10년간 28만 파운드의 소득을 올렸다.

2

Ecosystem
생태계

Ecosystem(생태계)은 interdependent(상호 의존)하거나 interact(상호작용)하는 inorganic environment(무기적 환경)와 biological community(생물계)로 구성된다. Ecosystem은 작은 연못의 ecosystem부터 지구의 ecosystem까지 다양한 크기를 갖는데 이를 diversity(다양성)라 하고 diversity 내에는 일정한 패턴이 존재한다. Region(지역) 간에 존재하는 plant species(식물종)가 다를 수 있지만 certain(특정)한 기후 지역에서는 매우 similar(비슷)한 plant species가 발견된다.

Desert(사막), deciduous forests(낙엽수림), grasslands(초원), tropical rain forests(열대우림), coniferous forests(침엽수림), estuaries(강어귀), 심지어 coral reefs(산호초)까지 모두 distinguishing(특징적)한 특질을 갖고 있기 때문에 어느 곳에 어떤 species(종)가 reside(살다)하든지 식별할 수 있다.

basic concept

Ecosystem의 구성과 기능

Living organism(생물)이 temperature(온도), light(빛), water(물)와 같은 inorganic environment에서 다른 living organism과 organic relationship(유기적 관계)을 맺고 interact하며 하나의 system(계)을 이루는 것을 ecosystem이라고 한다.

Ecosystem은 living components(생물적 요소)와 nonliving components(비생물적 요소)로 구성된다. 일정한 지역에 살고 있는 organism(유기체)은 living organism뿐만 아니라 nonliving environment(비생물적 환경)와도 끊임없이 영향을 주고받으며 ecosystem을 이룬다.

Biotic community(생물 군집)는 producer(생산자), consumer(소비자), decomposer(분해자)로 이루어져 각자의 역할을 담당하며 이들의 작용으로 matter(물질)는 circulate(순환)하고 energy(에너지)는 일정한 방향으로 흐른다.

Living components에는 population(개체군)과 community(군집)가 포함된다. 동일 ecosystem 내에서 생활하는 같은 species의 living organism의 집단을 population, 이들 population의 집단을 community라고 하며, community는 producer, consumer와 decomposer로 구성된다.

Nonliving components는 organism을 둘러싼 light, water, temperature, air(공기), soil(토양) 등의 inorganic environmental factor(무기 환경 요소)를 말한다. 다양한 abiotic(무생물적)한 factor(요인)는 living organism의 생활에 큰 영향을 미치고 living organism도 environment(환경)에 적응

하여 살아간다. 또한 living organism이 nonliving environment에 영향을 주며 living organism 간에도 서로 영향을 주고받는다. 이렇게 environment가 organism에 영향을 주는 것을 action(작용), 반대로 organism이 environment에 영향을 주는 것을 reaction(반작용)이라 한다.

Ecosystem은 food web(먹이그물)과 abiotic environment factor(무생물적 환경 요소)가 작용하여 equilibrium(평형)을 유지하면서 biodiversity(생물다양성)가 유지된다.

Human(인간)의 활동에 의한 habitat(서식지)의 destroy(파괴), exotics(외래종)의 도입, overhunting(남획) 등은 biodiversity를 감소시키는 요인으로 ecosystem의 destruction(파괴)을 초래하기도 한다.

Biodiversity를 보전하면서 environment를 보호하고 sustainable(지속가능)한 development(발전)를 위한 여러 가지 방안이 모색되어야 한다.

reading biology

각 생물계는 각각의 특정한 조건에 특이적으로 적응하는 생물체에 의해 지배되는(dominated by organism) 것으로 밝혀졌다. 예를 들어 사막의 식물과 생물은 열과 가뭄에 익숙하다(accustomed to). 종이 서로 다를 수는 있지만 아프리카 사막에는 북미 사막에서 발견되는 것과 매우 유사한 종이 있을 것이다.

생태계의 기능은 물리적 환경과 그 안에 사는(reside in it) 생물계 간의 복잡한 상호 작용에 따라 다르다. 특정 지역의 모든 생물체가 각 생물계를 구성하고 많은 요인이 각 생물계의 특징을 이룬다.

이러한 요인들은 종의 다양성, 지배적이거나 일반적인 식물 형태 및 구조, 변화에 저항하고 불균형 이후에 회복하는 한 지역의 안정성 또는 능력 그리고 마지막으로 영양 구조나 종들의 섭식 방법에 관한 관계들을 포함한다.

상호 관계와 군집

특정한 군집의 종들이 서로 상호 작용하는 세 가지 주요 방식도 있다. 그것은 종간 경쟁, 포식과 공생이다. 두 개체군이 동일한 한정된 자원을 요구할 때 종간 경쟁이 발생한다. 두 개체군이 매우 유사한 환경 적합성을 갖고 있다면 양측의 자원이 한정될 경우 둘 다 존재하기는 불가능할 수 있다.

한 개체군에게 환경 적합성이란 군집 내의 역할이나 그 서식지에 있는 자원의 전체 사용을 말한다. 또한 포식은 포식자들이 먹이에 적응한다는 논점이 될 수 있다. 중추 포식자가 그것의 포식종에 있는 최대 경쟁자를 통제함으로써 생물계의 다양성을 유지할 수 있다.

또한 생태계에서 발견되는 세 가지 유형의 공생 관계 혹은 공생이 있다. 이들은 기생, 편리공생 그리고 상리공생이다. 기생에서는 기생생물이 숙주를

Each community is found to be dominated by organisms that are specifically adapted to the conditions of each particular environment. Desert plants and organisms are accustomed to heat and drought, for example. Even though species may differ, a desert in Africa would have very similar species to those that would be found in a North American desert.

The functioning of an ecosystem depends upon the complex interactions between the physical environment and the community of organisms that reside in it. All of the organisms in a particular area make up each community and many factors characterize each community.

These factors include diversity of species, dominant or prevalent forms of vegetation and their structure, the stability or ability of an area to resist change and recover after a disturbance, and finally, the trophic structure or the relationships regarding how species feed.

Interrelationships and communities

There are also three main ways species in specific communities interact with each other. There is interspecific competition, predation and symbiosis. When two populations require the same limited resource, interspecific competition occurs. If two populations have very similar niches, it may be impossible for

희생시키는(expense of its host) 동안 먹이를 획득한다. 편리공생의 경우 한 종이 이득을 보고 다른 종은 영향을 받지 않는다. 끝으로 상리공생의 경우 두 종 또는 파트너들이 이익을 본다.

영양소 순환

생태계는 부단한 에너지의 유입을 요구하고 영양소는 생물체와 비생물적 환경 사이에서 재활용된다. 예를 들어 태양에서 나오는 열은 지구상의 강수, 증발, 발산이라는 물 순환의 원동력(driving force)이다. 탄소, 질소, 인의 순환도 물 순환만큼 중요하다. 탄소 순환은 광합성을 통해 대기에 있는 이산화탄소를 식물, 해조 및 남조류와 같은 유기 화합물로 변환하는 것을 포함한다. 전 세계적으로 호흡에 의한 이산화탄소의 대기 방출량은 광합성으로 흡수되는 양과 긴밀하게(closely) 균형을 이루고 있다.

질소 순환은 박테리아에 상당히 의존한다(relies heavily upon bacteria). 대기는 약 80퍼센트가 질소로 구성되어 있는 거대한 질소 저장소다. 그러나 식물들은 질산 이온 NO_3^- 또는 암모늄 이온 NH_4^+ 형태의 질소만을 이용할 수 있다. 따라서 토양 세균은 사용 가능한 질소 형태로의 전환에 매우 중요하다.

인의 순환은 암석층(rock formations)의 풍화에 의존한다. 인은 질소처럼 대기에 존재하기보다 암석에 그것의 무생물 저장소를 갖고 있다. 암석의 풍화는 인산(PO_4^{3-}을 함유하고 있는 화합물)을 서서히 토양에 첨가한다(gradually adds). 그런 다음 식물들은 용해된 인산 이온을 흡수하고 이들을 유기 화합물로 재구성한다. 인산은 또한 암석층에서 떨어져 나와 침전되어 호수, 개울 등의 밑바닥에 용해될 수 있다. 그러나 생태계에 유익하게 소량의 인산만이 존재해야 한다. 과량의 인산은 문제가 되고 실제로 유해한 수준의 조류 성장을 초래한다.

both to exist if resources for both are limited.

A niche of a population is its role in the community or its total use of the resources in its habitat. Also predation may be an issue as predators adapt to prey. A keystone predator may maintain community biodiversity by controlling the strongest competition in its prey species.

There are also three types of symbiotic relationships or symbiosis that are found in ecosystem communities. These are parasitism, commensalism and mutualism. In parasitism, a parasite obtains its prey while at the expense of its host. With commensalism, one species benefits and the other remains unaffected. Finally, with mutualism, both species or partners see a benefit.

Nutrient cycling

Ecosystems require constant infusions of energy and nutrients are recycled between organisms and their abiotic environments. Heat from the sun, for instance, is the driving force behind the water cycle of precipitation, evaporation and transpiration around the globe. Equally as important as the water cycle are the cycles for carbon, nitrogen and phosphorus. The carbon cycle involves the conversion of carbon dioxide (CO_2) in the atmosphere into organic compounds such as plants, algae, and cyanobacteria through photosynthesis. On a global scale, the return of CO_2 to the atmosphere by respiration is closely balanced with its removal by photosynthesis.

The nitrogen cycle relies heavily upon bacteria. There is a

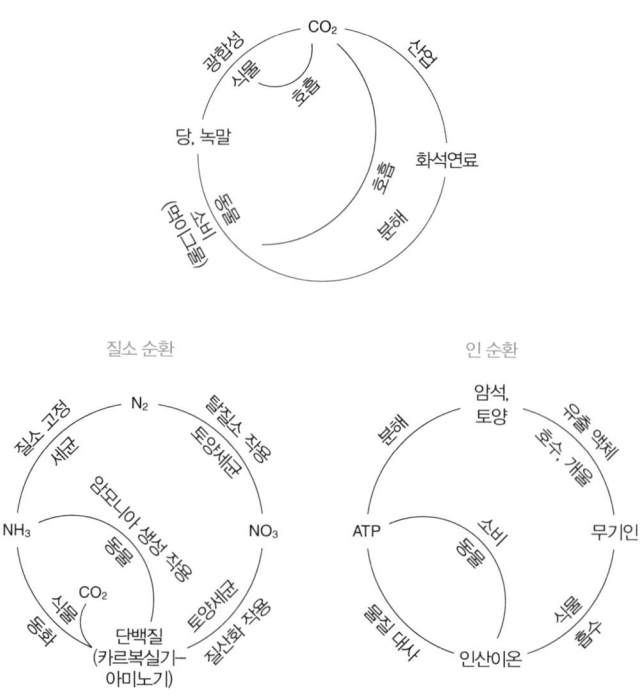

에너지 흐름

모든 생물은 영양소, 액체 상태의 물, 에너지와 적정한 온도를 필요로 한다. 각 생태계에 있는 생물의 차이와 풍부함은 생물체의 이 네 가지 조건의 상호작용에 대체로 기인한다.

지구의 만곡과 자전축 기울기는 깨지기 쉬운 모든 생태계에 알맞은 계절과 기후를 만드는 비결이다. 심지어 양분 수준, 물의 흐름, 온도와 에너지의 작은 변화가 전 세계 생태계에 큰 변화를 야기할 수 있다.

계절과 기후는 불균등한 태양 에너지 분포에 의해 만들어진다. 적도 근처에서 수직으로 떨어지는 햇빛의 온기는 비교적 작은 지역에 집중된다. 그렇기 때문에 햇빛의 분포량에 기인하여 온도는 적도에서 가장 높고 극지방

huge reservoir of nitrogen in the atmosphere at nearly 80% being made up of N_2. However, plants are only able to make use of nitrogen when it is in the form of nitrate ions NO_3^- or in the form of ammonium ions NH_4^+. Therefore, soil bacteria are very important for helping along this conversion into usable forms.

The phosphorus cycle depends on the weathering down of rock formations. Rather than being in the atmosphere like nitrogen is, phosphorus has its abiotic reservoirs in rocks. The weathering down of the rocks gradually adds phosphates (compounds containing PO_4^{3-}) to the ground soil. Plants then absorb the dissolved phosphate ions and reconstitute them into organic compounds. Phosphates are also able to precipitate out of rock formations in solutions at the bottoms of lakes, streams, etc. There needs to be a beneficially low level of phosphates in the ecosystems, however. In large amounts phosphates are a problem and actually cause harmful amount of algal growth.

Energy flow

All life requires nutrients, liquid water, energy, and a reasonable temperature. The differences and abundance of living things in each ecosystem are largely attributable to the interplay of these four requirements for life.

The curvature of the Earth and the tilt are key to producing favorable seasons and climates for all the fragile ecosystems. Even small changes in nutrient levels, water flow, temperature and energy can cause drastic changes in the world ecosystems.

The seasons and climate are created by an uneven distribution

에서 가장 낮다. 자전축의 기울기는 햇빛의 직사 안에서 계절 변화를 만드는 것이다.

마찬가지로 공기의 흐름 또한 지구 자전의 영향을 받고 따뜻한 공기는 찬 공기보다 밀도가 낮아(less dense than cold air) 태양의 직사광선이 적도에 떨어질 때 가열된 공기는 상승한다. 공기, 물 그리고 태양 직사광선 간의 상호 작용이 열대라고 불리는 지역을 지구상에서 가장 습하고 따뜻하게, 사막 지역을 가장 덥고 건조하게 만드는 것이다.

대륙의 형성과 땅 높이의 변화도 그에 못지 않게 중요하다. 다소 빨리 뜨거워지고 차가워지는 불규칙한 모양의 대륙의 존재와 보다 천천히 뜨거워지고 차가워지는 해양 지역이 바람, 물 그리고 열 분포의 흐름을 바꾼다. 따라서 이것이 전 세계의 불규칙한 생태계 분포를 야기한다. 땅 높이의 변화는 또한 어떻게 대기가 형성되고 어떻게 더 희박한 대기량이 덜 가열된 공기를 유지할 수 있는가 하는 것을 복잡하게 만든다. 공기가 더 희박한 산악 지대는 또한 변형된(modified) 강우 패턴을 겪는다(subjected to).

이것이 중요한 이유는 광합성이라고 불리는 과정이 극히 중요하기 때문이다. 대부분의 태양 에너지가 대기, 구름과 지구 표면에 의해 반사되기 때문에 흡수되는 1퍼센트가 지구상의 모든 생명체에 에너지를 공급한다.

흡수된 1퍼센트 태양 에너지 중에서 녹색 식물은 불과 3퍼센트 이하를 흡수한다. 식물, 식물형 원생생물, 시아노 박테리아에 의해 수행되는 광합성에서 색소들이 태양 에너지의 특정 파장을 흡수한다. 흡수된 태양 에너지는 이 산화탄소, 물과 함께(combined with) 화학 결합을 통해 에너지를 저장하는 당을 만든다. 이 에너지의 일부는 다른 화학 반응에 동력을 공급하기 위해 사용되며 당을 녹말, 셀룰로오스, 지방, 비타민, 색소

of solar energy. Near the equator, warmth is concentrated from sunlight falling perpendicularly on a relatively small area. Temperatures are therefore highest at the equator and lowest at the poles due to the amount of distribution of sunlight. The tilt of the Earth on its axis is what produces the seasonal variations in the sunlight's directness.

Equally, the air flow is also affected by the Earth's rotation and since warm air is less dense than cold air, as the sun's direct rays fall on the equator, this heated air rises. The interaction of the air, water, and sun's direct rays are what cause the areas called the tropics to be the wettest and warmest on Earth and the desert regions to be the hottest and driest.

Not of any less importance are the continents formations and the variations of land elevations. The presence of irregularly shaped continents, which heat and cool rather quickly, and the areas of oceans, which heat and cool more slowly, altering the flow of wind, water and heat distributions. This, therefore, causes an irregular distribution of ecosystems around the globe. Variations in land height also complicate how the atmosphere is formed and how thinner air levels are able to maintain less heated air. The mountainous regions with thinner air are also subjected to modified rainfall patterns.

Why this matters is due to the extreme importance of a process called photosynthesis. With the majority of the energy from the sun being reflected by the atmosphere, clouds and Earth's surface, the 1% that is absorbed is all that is able to power all life on Earth.

Of this 1%, green plants only capture 3% or less. In the

및 단백질로 변화시킨다.

  이 광합성 생물들은 기본적으로 식량을 자급자족(feed themselves)하고 그렇기 때문에 독립영양생물 또는 생산자라고 불린다. 그러고 나서 그들은 식량을 다른 생명체에도 제공하는데 이들은 종속영양생물 또는 소비자라고 불린다. 이 직선 관계는 먹이사슬이라 불리고 명확한 공동체에서 이 먹이사슬은 먹이그물의 토대이기도 하다. 따라서 물, 영양소, 온도 등은 각각의 특정한 생태계 먹이그물을 형성하기 위해 무엇을 먹을 수 있는가와 어떤 생물체가 나타날 것인가에 있어서 역할을 한다.

photosynthesis that is performed by plants, plantlike protists and cyanobacteria, pigments absorb certain wavelengths of solar energy. This solar energy is then combined with carbon dioxide and water, creating sugar which stores energy in chemical bonds. Some of this energy is used to power other chemical reactions and it converts sugars into starches, cellulose, fats, vitamins, pigments and proteins.

These photosynthetic organisms feed themselves essentially and are therefore called autotrophs or producers. They then provide food to others as well, which are called heterotrophs or consumers. This linear relationship is called a food chain and in well defined communities these food chains are the basis for food webs as well. Therefore, the role of water, nutrients, temperature, etc. all play a role in what is available to eat and what organisms may be present in order to form each specific ecosystem food web.

problem solving

문제1 다음 그림은 생태계 구성 요소들 간의 상호 작용을 나타낸 것이다. 설명 중 옳은 것을 모두 고르라.

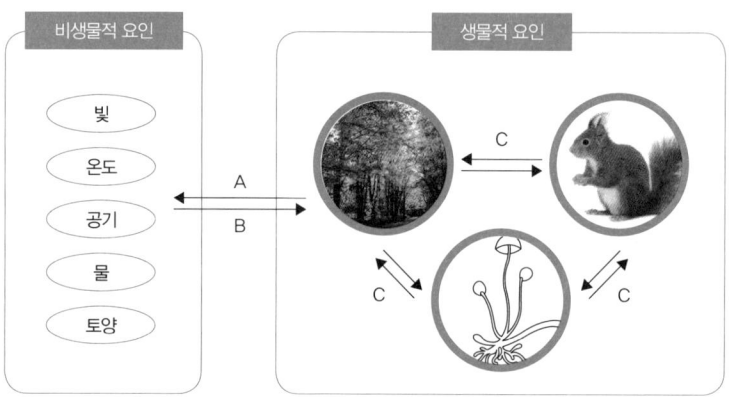

a. A - 동물성 플랑크톤은 밤에는 수면 가까이 올라오고 낮에는 깊은 곳으로 내려간다.
b. B - 맑은 날 숲에 가면 공기가 청량하게 느껴진다.
c. C - 개구리, 하마, 악어는 수면 위로 보이는 눈과 콧구멍의 형태가 비슷하다.

① a ② b ③ a, b ④ b, c ⑤ a, b, c

Example 1 The picture shows the interaction among components of the ecosystem. Choose all correct answers.

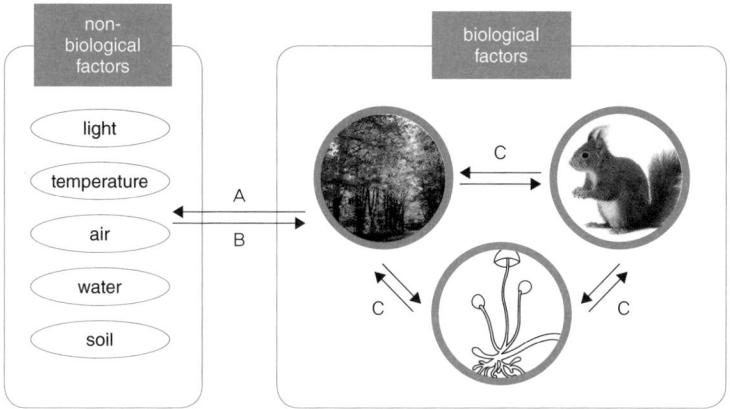

a. A - Zooplankton rises to near surface of the water during the night and sink to the deep water during the day.
b. B - Air feels clear and cool in the forest during the day.
c. C - Features of eyes and nose of a frog, hippo, alligator exposed over the water look similar.

① a ② b ③ a, b ④ b, c ⑤ a, b, c

문제2 다음은 빛의 세기에 대한 식물의 적응 현상을 알아보기 위한 실험이다. 이에 대한 해석으로 옳은 것을 모두 고르라.

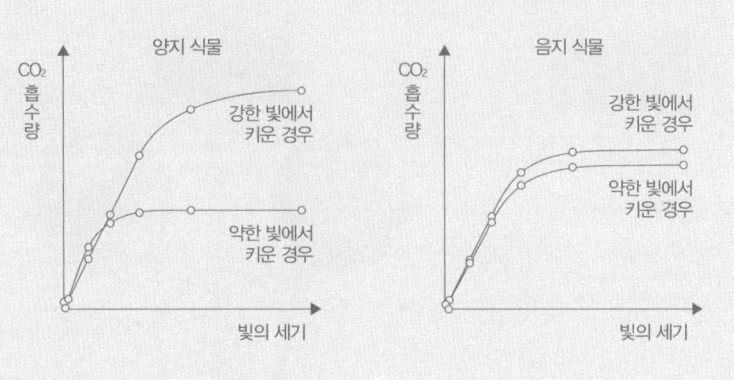

같은 종류의 양지 식물과 음지 식물을 각각 강한 빛과 약한 빛에서 키운 후, 같은 장소에 옮겨 놓고 빛의 세기에 따른 광합성량을 측정하였다.

a. 식물을 키울 때의 빛의 조건에 따라 광포화점이 달라질 수 있다.
b. 강한 빛에서 키운 양지 식물의 최대 광합성량은 약한 빛에서 키운 양지 식물의 최대 광합성량보다 훨씬 크다.
c. 양지 식물과 음지 식물은 키울 때의 빛의 조건에 따라 적응 방식이 다르다.

① a ② b ③ a, b ④ b, c ⑤ a, b, c

Example 2 Following is an experiment to find out the adaptation of plants for the light intensity. Choose all correct answers.

Grow same type of sun plants and shade plants under strong light and weak light respectively, and move them to same place then measure the photosynthetic volume by the light intensity.

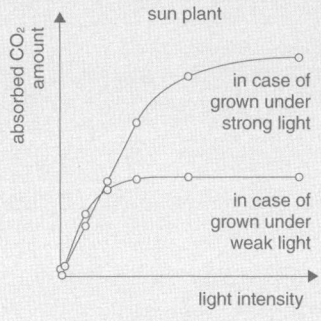
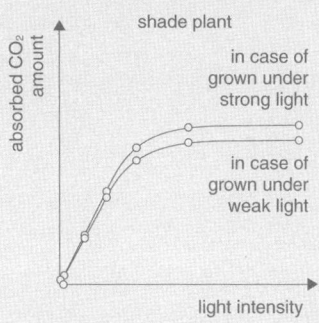

a. The light saturation point can be varied by the conditions of light during the growth.
b. The maximum photosynthetic volume of sun plant grown under strong light is much bigger than shade plant's grown under weak light.
c. The adaptive methods of sun plants and shade plants can be varied by the conditions of light during the growth.

① a   ② b   ③ a, b   ④ b, c   ⑤ a, b, c

문제3 다음 그림은 4종의 동물 A~D의 생존 곡선을 나타낸 것이다. 이에 대한 해석이나 추론으로 타당성이 있는 설명을 모두 고르라.

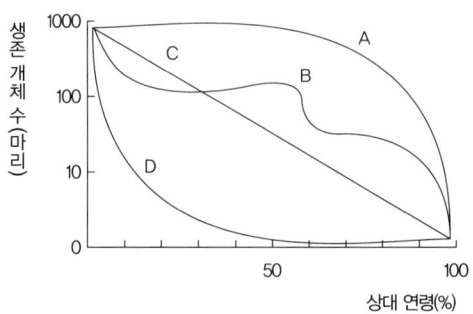

a. A는 한 번에 많은 수의 자손을 낳는다.
b. B는 변태나 탈피를 하는 동물일 가능성이 높다.
c. C는 연령별 사망률이 일정하다.
d. D는 유년기 사망률이 중년기 사망률보다 높다.

① a, b, c   ② a, b, d   ③ a, c, d   ④ b, c, d   ⑤ a, b, c, d

Example 3 The picture shows the survival curve of 4 species of animal A~D. Choose all proper explanation or reasoning from below.

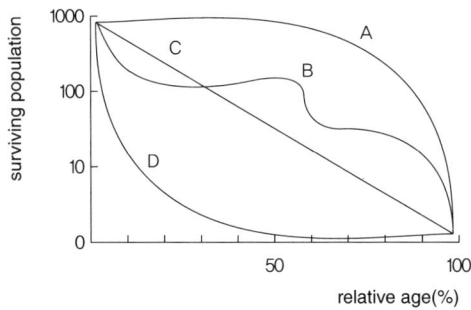

a. A can bear many descendants at once.
b. It is highly possible that B is an animal which goes through metamorphosis or ecdysis.
c. C has a regular age-specific mortality.
d. Infancy mortality of D is higher than middle age mortality.

① a, b, c   ② a, b, d   ③ a, c, d   ④ b, c, d   ⑤ a, b, c, d

rest in biology

Plant는 왜 light가 비치는 방향으로 굽어 자랄까?

화분에 심은 plant를 창가에 두면 light가 비치는 곳을 향해 줄기가 굽어 자라는 growth reaction(생장 반응)을 발견할 수 있다. 이러한 growth reaction을 tropism(굴성)이라고 한다.

Tropism이란 plant가 light나 gravity(중력)와 같은 environmental(환경적)한 stimulus(자극)에 몸의 일부가 일정한 방향으로 굽어 자라는 것을 말한다. 예를 들면 phototropism(굴광성)은 light가 들어오는 방향에 대한 growth reaction이고, gravitropism(geotropism, 굴지성)은 gravity에 대한 growth reaction이다.

또한 stimulus가 오는 방향으로 plant가 굽어 자라는 것을 positive phototropism(양성굴광성), positive gravitropism(양성굴지성), stimulus의 반대 방향으로 굽어 자라는 것을 negative phototropism(음성굴광성), negative gravitropism(음성굴지성)이라고 한다.

Light가 비치는 방향으로 plant가 굽어 자라는 것은 phototropism 때문이다. Phototropism은 auxin(옥신)의 불균등한 분포에 의한 growth의 차이로 나타난다.

Auxin은 plant의 줄기 끝과 뿌리 끝의 growing point(생장점)에서 생성되는데 light의 반대 방향과 gravity의 방향으로 이동하는 properties(특성)가 있다. Auxin은 적당한 concentration(농도)에서는 해당 부위 cell(세포)의 growth를 stimulate(촉진)하지만 concentration이 지나치게 높으면 cell의 growth를 inhibit(억제)한다.

Cell의 growth를 inhibit하는 auxin의 concentration은 부위에 따라 다른데, 뿌리 조직이 줄기 조직보다 auxin에 더 민감하여 줄기에 비해 훨씬 낮은 concentration에서부터 cell의 growth가 inhibit되기 시작한다.

줄기에서 auxin은 light가 비치는 방향의 반대쪽에 높은 concentration으로 분포하는데 비교적 높은 auxin의 concentration에서도 cell의 growth가 stimulate된다. 그러므로 light가 비치는 방향의 반대쪽에 auxin이 많이 분포하고 auxin이 많은 부분이 더 많이 자라 light의 방향으로 굽게 되는 것이다.

하지만 뿌리에서는 auxin의 concentration이 높으면 cell의 growth가 inhibit된다. 그렇기 때문에 결과적으로 뿌리의 윗부분이 growth하게 되어 gravity의 방향인 아래쪽을 향한다.

반면 줄기에서는 비교적 높은 auxin의 concentration에서 cell의 growth가 inhibit되므로 auxin이 많이 분포된 아래쪽의 growth가 촉진되어 gravity 방향의 반대쪽인 위쪽으로 자란다.

Predator(포식자)로부터 살아남는 법

서로 다른 두 species가 prey(피식자)와 predator의 관계에 있을 때 일반적으로 prey는 predator보다 개체 수가 많고 크기가 작으며 힘이 약하다. 그렇기 때문에 prey는 자신보다 몸집이 큰 predator의 threat(위협)로부터 자신을 protect(보호)하기 위해 다양한 방법을 발달시켜왔다.

Tortoise(거북), shellfish(조개)와 같이 몸에 단단한 cataphract(껍질)를 발달시키거나 sea urchin(성게), hedgehog(고슴도치)처럼 sharp thorn(뾰족한 가시)을 갖는 방법으로 신체적 방어를 한다. Skunk(스컹크)처럼 역한 냄새를 내거나 harmful(해롭다)한 독성 물질, 또는 sharp flavor(자극적인 맛)가 나는 물질을 secrete(분비)하여 화학적 방어를 하기도 한다. 또는 자신의 몸을 protect하기 위해 모양이나 색깔을 주위와 비슷하게 하거나 독성을 드러내기 위해 특이한 색을 띠기도 한다. Rattlesnake(방울뱀)는 소리를 이용해 경계 방어를 하기도 한다.

 Predator를 마주쳤을 때 갑작스런 반응을 보여 predator를 threat하는 개체 감응이나 group(무리)을 이루어 자신과 새끼들을 predator로부터 protect하는 군체 감응도 그 일환이다.

3

Biodiversity: Organism and Environment
생물다양성: 생물과 환경

Biodiversity(생물다양성)는 약 40억 년 전에 최초의 living thing(생명체)이 지구상에 출현한 이래 variation(변이), natural selection(자연선택), species(종)의 differentiation(분화)을 거쳐 끊임없이 여러 종류로 갈라지면서 생긴 결과로 evolution(진화)의 개념 중 하나다. Biodiversity는 일정한 지역에 존재하는 ecosystem(생태계)의 diversity(다양성)와 여러 ecosystem에서 사는 biodiversity(생물다양성), living organism(생물)이 지닌 genetic(유전적)한 diversity를 말한다.

basic concept

생명의 기반
Biodiversity

Biodiversity란 animal(동물), plant(식물), microorganism(미생물), 그들이 담고 있는 gene(유전자) 그리고 그들의 environment(환경)를 구성하는 복잡하고 다양한 ecosystem(생태계) 등 earth(지구)에 살고 있는 모든 life(생명)의 diversity를 의미한다.

Biodiversity는 존재하는 living organism의 species diversity(종 다양성)뿐만 아니라 같은 species 내의 genetic diversity(유전적 다양성)와 animal, plant, microorganism으로 구성되는 ecosystem diversity(생태계 다양성)를 포함한다.

Genetic diversity란 각각의 species에서 individual(개체)들이 genetically(유전적으로)하게 얼마나 다른지 나타내는 것으로 species 내의 genetic variation(유전적 변이)을 말한다. Gene이 다양할수록 environment(환경)의 change(변화)에 대한 adaptability(적응력)가 커진다. 그렇기 때문에 environment의 change를 이겨낼 수 있는 genetic variation을 지닌 entity(독립체)를 중심으로 species를 preserve(보존)하고 maintain(유지)할 수 있다.

Species diversity란 organism의 species의 다양한 정도를 말한다. Genetic diversity가 풍부한 living organism의 한 집단이 갑작스러운 environmental(환경적)한 요인에 의해 지리적으로 segregate(격리)되고 서로 isolate(고립)되면 divide(분리)된 두 집단은 각 집단이 처한 독특한 environment에 따라 서로 다른 gene들이 natural selection이 된다. 두 집단의

individual 간에 morphological(형태적)하고 physiological(생리적)한 character(형질)의 차이가 발생할 수 있고 심지어 생식적으로 segregate되어 species의 differentiation이 일어날 수 있다. 이러한 species의 differentiation의 과정이 바로 evolution이다. Genetic diversity가 낮은 population(개체군)은 environment의 change를 이겨낼 수 있는 genetic variation을 지닌 entity가 없어 extinction(멸종)을 할 가능성이 높다.

Biodiversity 중 가장 범위가 큰 것은 ecosystem diversity이다. Ecosystem diversity는 precipitation(강수량), temperature(기온), soil(토양)과 같은 nonliving components(비생물적 요소)의 영향을 받는다. 이러한 요인들에 의해 abiotic(무생물적)한 environment가 달라지고 그에 따라 ecosystem이 다양해진다. 각 ecosystem에는 다른 ecosystem에서는 볼 수 없는 고유한 species가 많기 때문에 ecosystem이 다양할수록 species diversity도 increase(증가)한다.

그러나 오늘날 다양한 living organism의 species가 extinction의 위기에 처했다. 이전에는 climate change(기후 변화)와 같은 nature(자연)의 change가 extinction의 주된 원인이었다면 오늘날은 human(인간)에 의한 environmental destruction(환경 파괴)과 environmental pollution(환경 오염)이 주된 원인이다. Biodiversity가 감소하고 ecosystem의 먹이그물이 단순해지면 ecosystem의 equilibrium(평형)이 깨져 preserve되기 어렵다.

Biodiversity를 maintain하고 protect(보호)하기 위해서는 habitat의 preservation(보존), 단편화된 habitat의 연결, sanctuary(보호구역)의 설정, migration(이주)과 re-establishment(복구)와 같은 대책이 필요하다. 또한 오존층의 destruction, climate change 등을 지양하면서 sustainable(지속가능)한 development(발전)를 위해 energy(에너지)의 efficiency(효율)를 높이고 renewable(재생 가능)한 energy의 사용을 늘려야 한다.

reading biology

　　　　　　생물다양성은 생물의 모든 다양함으로 정의된다. 이 용어는 보통 한 군집을 구성하는 다양한 종을 나타내고 종 풍요도(다른 종들의 총 수)와 다른 종의 상대적 빈도와 관련이 있다.

　그러나 오늘날 생물다양성은 인간의 영향에 의한 최근 지구상의 다양한 생물의 급격한 감소로 대체로 위기에 처해 있다. 끝없이 팽창하는 인구 증가로 비교적 인간의 영향을 받지 않은 생태계가 거의 존재하지 않는다.

　인간 이외의 종은 모두 자연에 의해 좌우되고 통제된다. 반면에(on the other hand) 인간은 자연을 변화시킬 수 있는 능력을 완벽하게 하여 그것을 빠른 속도로 변화시키고 철저히(drastically) 자신의 욕구에 맞추기 위해(in order to suit) 노력해왔다. 우리의 환경 조작은 지성과 사회 진화에 의한 것이다. 우리는 복잡한 도구를 만들고 사용할 수 있을 뿐만 아니라 여러 세대에 걸쳐서 지식을 전달하고 간직할 수도 있다. 이는 더 수준 높은 인간에게 해당되는 것이다.

　성공이 인구수와 인간들의 지리적 범위에 의해 측정된다면 우리는 확실히 그것을 성취했다. 그러나 불행히도 종으로서 우리의 성공은 세계의 환경과 안정을 희생하면서 성취한 것이다.

　종으로서 우리는 전 세계의 환경을 우리의 요구와 필요에 맞게 바꾸는 힘든 일에 관여해왔다(involved in). 사람에 의해 지배되는 생태계는 더 단순해지는 경향이 있다. 다시 말해서 누구의 손도 닿지 않은 생태계보다 더 적은 수의 종과 더 적은 수의 방해받지 않는 생태학적 상호 작용을 갖게 된다.

　우리는 종으로서 숲을 개간하면서 강의 흐름과 수로를 바꾸고 새로운 화학 물질을 물, 지구, 대기 등으로 주입시켰다. 이러한 모든 변화는 크든 작든 간에 우리 주변의 환경과 삶을 공유하는 다른 종들에게 많은 피해를 입혔다. 자연을 바꾸고 지배하는 우리의 독특한 능력 때문에 이제 바로잡기 위해 노력해야 하는 몇 가지 중대한 환경 문제를 야기했다.

Biodiversity is defined as being all the variety of life. This term usually refers to the variety of species that make up a community and it concerns both the richness of species (the total number of different species) and also the relative abundance of different species.

However, biodiversity today is largely in crisis due to a current, rapid decline in the variety of life on Earth, largely due to the effects of humans. The ever expanding human population has left relatively few ecosystems undisturbed.

Species other than humans are all subject to and controlled by nature. Humans, on the other hand, have been working to perfect their ability to change nature it rapidly and drastically in order to suit our own needs. Our manipulation of our environment stems from our intellect and our social evolution. Not only are we able to create and use complex tools, but we are also able to transmit and retain knowledge over generations. This is something specific to higher level beings.

If success is measured in our numbers and by the geographical range of humans, we have surely achieved it. But, unfortunately our success as a species has been at the expense of the world's environment and its own stability.

As a species, we have been involved in the tricky business of altering the entire world environment to suit our own wants and needs. Ecosystems that are dominated by people tend to be simpler. That is to say they have fewer species and fewer

인간은 약 6,500만 년 전에 처음 나타난 영장류 동물인 포유류다. 이 최초의 영장류들은 나무에 살았으며 우리 인간은 유연한 관절, 민감하고 움켜쥐는(grasping) 손, 거리 지각을 가진 전방을 주시하는 눈 등 이들의 특징 중 일부를 물려받았다. 현생 인류의 가장 오래된 화석인 호모 사피엔스는 아프리카에서 발견됐고 대략 30만 년 전으로 거슬러 올라간다. 현생 인류보다 무거운 뼈와 두꺼운 두개골을 가진 고대 호모 사피엔스 무리에 대한 증거는 구세계 전체에서 널리 발견되었다. 이 뼈들은 10만 년 전으로 거슬러 올라가며 인류학자들은 지리학적으로 다른 종이 어떻게 오늘날의 현대 호모 사피엔스로 변천되었는지에 대한 서로 다른 견해(views)를 갖고 있다.

인간과 생태계 폐해

이 최초의 인간들은 인간 문화 첫 단계의 3대 요소인 죽은 고기 먹기, 채집, 수렵에 의해 살아남았다.

문화적 변화의 제2단계와 생태계 폐해를 최초로 일으킨 것은 약 1만에서 1만 5,000년 전의 농업의 출현이다. 이 시기에 인간들은 정착하여(settle down) 경작하고 가축을 사육하기 시작했다. 비옥한 초승달 지대(in the Fer-

undisturbed ecological interactions than undisturbed ecosystems.

We, as a species, have been clearing forests, changing the flow of rivers and waterways, introducing new chemicals into the water, earth and air, etc. All these changes no matter how great or how small have all taken a toll on the environments that surround us and in other species with which we share our lives. With our unique ability to modify and dominate nature we have created some major environmental problems that we must now work to rectify.

Humans are of the order of mammals, primates, that first came into existence about 65 million years ago. These first primates lived in trees and we as humans have inherited some of their characteristics: flexible joints, sensitive and grasping hands, forward pointing eyes that are capable of depth perception, etc. The oldest fossils of modern humans, homo sapiens, were found in Africa and dated back to about 300,000 years ago. Evidence of archaic groups of homo sapiens with heavier bones and thicker skulls than modern humans, were found spread throughout the Old World. These bones date back around 100,000 years and anthropologists have differing views on how these geographically different species transitioned into today's modern homo sapiens.

Humans and ecosystem disturbance

These first humans survived by scavenging, gathering, and hunting, the three main components of the first stage of human culture.

The second stage in cultural change and one that first started

tile Crescent)의 초기 농부들은 지나치게 방목하고 토양을 고갈시켜(depleted the soil) 중동 지역의 상당 부분이 사막 지역이 되게 했다고 한다.

제3단계에서 그리고 지속적인 생태계 폐해, 1700년대의 산업 혁명은 모든 면에서(at all levels) 생산의 변화를 일으켰다. 산업화는 수공업(hand production)에서 대규모 에너지 집약적인 기계적 생산으로의 변화를 가져왔다. 이러한 기계화된 변화는 농업, 식량 생산, 인구 증가를 가속화시킨 의학과 생물권 전체에 미치는 인간의 영향력에 급격한 변화를 초래했다.

인간 종의 폭발적인 증가와 기술의 급격한 변화는 오늘날에도 계속되고 있다. 계속 증가하는 인구는 엄청난 자원 소비를 초래하고 생물권에 압박을 가한다(put a strain on the 3biosphere). 기름 유출, 온실가스, 오존 고갈, 재생 불가능한 화석 연료의 연소 등이 손상되기 쉬운 대기, 물 그리고 땅의 구성(make-ups)에 영향을 미쳤다.

공기 속 이산화탄소 양의 뚜렷한(marked) 변화, 기후 패턴, 극지방 빙산 높이, 해안의 수위 등의 변화가 있었다. 특히 농사를 위한 열대우림에서의 벌목과 산림 개간은 줄어든 나뭇잎의 이산화탄소 흡수량 감소로 지구 온난화에 기여했으며 산림소각으로 이산화탄소를 증가시켰다. 열대지방의 산림

ecosystem disturbance was the rise of agriculture some 10,000 to 15,000 years ago. During this time, humans settled down, planted crops and began to domesticate animals. It is said that early farmers in the Fertile Crescent overgrazed the land, depleted the soil and left much of the Middle East a desert land.

In the third stage, and a continuation of ecosystem disturbance, the Industrial Revolution in the 1700s created changes in production at all levels. The industrialization brought about a change from hand production to large scale and energy intense machine production. These mechanized changes led to drastic changes in farming, food production, and even medicine that accelerated the growth of human populations and our effect on the biosphere as a whole.

The explosive growth of the human species and drastic changes in technology continue still today. Ever increasing populations have brought about the immense consumption of resources and have put a strain on the biosphere. Oil spills, green house gases, ozone depletion, the burning of non-renewable fossil fuels, etc. have all affected the fragile atmosphere, water and land make-ups.

There have been marked changes in the amounts of CO_2 in the air, changes in climate patterns, polar ice levels, coastal flood levels, etc. The logging and clearing of forests, especially the rain forests, for farming have contributed to global warming by reducing the uptake of CO_2 due to less foliage and has increased CO_2 in the air from the burning of the forests. Equally as important to the changes in the air is the serious consequence from tropical deforestation on the animal and plants in regard to biodiversity.

벌채가 생물다양성과 관련해 동물과 식물에 미치는 심각한 결과는 공기에서의 변화와 마찬가지로 중요하다.

외래종

인간들이 파괴하는 열대우림은 세계의 식물과 동물의 대략 80퍼센트의 본거지다. 이러한 종들의 서식지를 파괴하면 지구의 기후가 변화하고 또한 약물, 커피, 꽃 등과 같이 유용할 수도 있는 많은 제품을 빼앗길 수도 있다.

남획, 외래종 유입 및 서식지 파괴와 같은 문제는 이들이 생태계에 가져올 수 있는 급격한 변화 때문에 우리의 생존을 위협한다. 국지적이긴 하지만 이국적인 열대우림의 상실은 실제로 오늘날 전 세계가 직면하고(face) 있는 가장 심각한 환경 문제라는 데 대부분의 정부가 의견을 같이 했다.

전체적인 열대지방을 고려하면 약 1,700만 헥타르가 매년 파괴되고 있다. 이처럼 거대한 땅이 파괴되고 삶의 영역이 뿌리째 뽑히고 있어 마다가스카르와 코스타리카와 같은 일부 국가는 추출 매장량(extractive reserves)이라는 아이디어를 수용했다. 이것은 사람들이 자연림의 제품을 채취할 수 있도록 허용하지만 생태계를 파괴하지 않을 정도여야 한다는 것이다. 이것의 일부 예로는 브라질산 견과, 과일, 라텍스 및 고무 같은 제품 수확이 포함된다.

이러한 이국적인 식물의 중요성은 장밋빛 빙카로 알려진 한 식물에서 잘 나타난다(highlighted by). 본고장인 마다가스카르에서만 자라는 이 식물은 호지킨병과 다른 유형의 암을 막는 데 효과적인 것으로 밝혀졌다. 이러한 종이 삼림 벌채나 과잉 수확으로 파괴된다면 우리는 스스로에게 어떤 피해를 주게 될까?

훼손되지 않은 지역에서 발견된 엄청난 다양성을 인간 생태계로 복귀시키는 현실적인 방법은 없을 것이고 인간의 관점(standpoint)에서 그것이 반드시 유익하거나 바람직한 것도 아니다. 그러나 우리는 많은 자연계를 가능한 한 온전하게 보존하여 얻는 이점을 알아야 한다.

Exotics

The rain forests that humans are destroying are home to perhaps 80% of the world's plants and animals. Destroying the homes of these species could alter the global climate and also deprive it of many potentially useful products such as medications, coffees, flowers, etc.

Such issues as overhunting, introduced species and habitat destruction are a threat to our own existence due to what drastic changes they could bring to the biosphere. Most authorities have agreed that the loss of our exotic tropical forests, while localized in nature, is actually the most serious environmental problem the whole world faces today.

Considering the tropics as a whole, around 17 million hectares are being destroyed each year. With such large amounts of land being destroyed and areas of life being uprooted, some countries such as Madagascar and Costa Rica have taken to the idea of extractive reserves. This involves people being allowed to harvest natural forest products but only at a rate that does not destroy the ecosystem. Some examples of this include harvesting products like Brazilian nuts, fruits, latex and gum.

The importance of these exotic plants is highlighted by one such plant known as the rosy periwinkle. This plant which only grows natively to Madagascar has been found to effective against both Hodgkin's disease and also against other types of cancer. If such a species is destroyed with deforestation or overharvesting, what kind of damage would we be doing to our own species?

There is probably no practical way to restore to human

예를 들어 도시에서의 인간 활동에 집중한다면 인간이 시골에 미치는 영향을 줄이게 될 것이다. 같은 맥락에서 농부들은 더 작은 밭을 경작할 수 있고 더 많은 땅이 훼손되지 않게 하기 위해 윤작할 수 있다.

훼손되지 않은 삼림 지역은 물을 가두고 정화할 수 있고 또한 공기 오염도 줄일 수 있다. 늪이나 하구 퇴적지가 준설되지 않았을 때 많은 쓰레기 섭취자와 분해자가 들어 있어 자연스럽게 물을 정화한다. 해안 지역 또한 열쇠다. 이곳은 수백만 마리의 새의 서식지와 모든 유형의 갑각류와 어류의 산란 장소를 제공하기 때문이다. 자연이 저절로 제공할 수 있는 것(capable of providing for)과 같은 정도로 인간이 할 수 있는 것은 아무것도 없다.

ecosystems the immense diversity found in undisturbed areas, nor is doing so necessarily beneficial or desirable from a human standpoint. However, we must recognize the benefit of preserving intact as many natural communities as possible.

Concentrating human activity in cities may then lessen the human impact on the countryside, for example. Farmers, in the same regard, can work smaller fields and rotate crops in order to leave more land undisturbed.

Undisturbed forest areas can trap and purify water and they could also reduce air pollution. When swamps and estuaries are not dredged or fill in they can contain a plethora of detritus feeders and decomposers that naturally purify water. Coastal areas are also key, since they provide breeding places for millions of birds and spawning sites for all types of crustaceans and fish. None of which can be done by humans at the same degree as nature is capable of providing for on its own.

problem solving

문제1 그림 A와 B는 환경 조건이 다른 곳에 존재하는 두 식물 군집을 대상으로 생산량과 소비량의 상대값을 조사한 자료다. 이에 대한 해석이나 추론으로 타당성이 없는 것을 고르라.

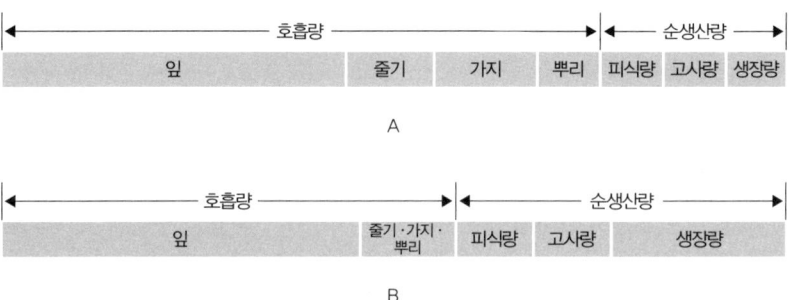

① A는 삼림이고 B는 초원이다.
② 강수량이 더 많은 지역에 발달하는 식물 군집은 A다.
③ 총 생산량에 대한 호흡량의 비율이 더 높은 식물 군집은 A다.
④ 단위 면적당 총 생산량이 더 클 것으로 여겨지는 식물 군집은 B다.
⑤ 총 생산량이 같은 경우, 인간이 더 많은 식량을 얻을 수 있는 식물 군집은 B다.

Example 1 Following data A and B show the relative values of production and consumption of two plant communities which exist in different environment. Choose incorrect explanation or reasoning.

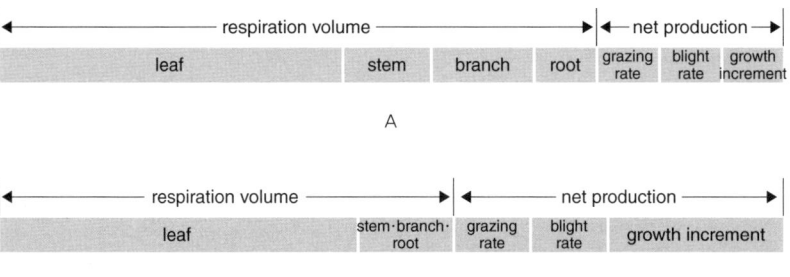

A

B

① A is forest and B is grassland.
② Plant community A develops in areas where have high precipitation.
③ Plant community A has a higher respiration volume of total production.
④ Plant community B is considered to have a higher total production per unit area.
⑤ If total production is same, plant community where human can obtain more food is B.

문제 2 다음 생물 자원이 우리에게 주는 이점을 옳게 설명한 것을 모두 고르라.

버드나무

벼

갯벌

a. 버드나무의 껍질은 페니실린의 원료로 인공적으로 조성되고 대량 생산되어야 한다.
b. 벼는 식량을 제공해준다.
c. 갯벌에는 육지에서 배출된 쓰레기를 분해하는 미생물이 많이 있어 자연 정화조 역할을 한다.

① a   ② b   ③ a, b   ④ b, c   ⑤ a, b, c

Example 2 Choose all corrects answers that explain the advantages of biological resources from below.

Willow tree

Rice plant

Mud flat

a. The bark of willow tree is used as base material of penicillin, therefore, they are artificially composed and mass produced.
b. Rice plant provides food.
c. Mud flat act as a role of natural disposal tank because it has a lot of microorganisms that decompose garbage from shore.

① a　② b　③ a, b　④ b, c　⑤ a, b, c

문제 3 다음 표는 생활 속에서 발생하는 CO_2의 양을 나타낸 것이다. 만약 철수가 한 달 동안 도시가스와 수도 그리고 전기를 각각 $20m^3$, $20m^3$, $1,000kWh$ 사용하고 쓰레기를 50L 배출하며 승용차로 1,000km를 주행한다고 가정했을 때, 철수가 한 달 동안 발생시킨 CO_2의 양과 발생한 CO_2를 제거하기 위해 심어야 하는 잣나무 수에 대한 설명으로 옳은 것을 모두 고르라. (단, 월간 $0.27kg$의 CO_2가 발생할 때, 이를 제거하려면 1그루의 잣나무를 심어야 한다고 가정한다.)

구분	월간 사용량 또는 이동 거리	월간 CO_2 발생량
도시 가스 사용량	$1m^3$	2.22kg
수도 사용량	$1m^3$	1.53kg
전기 사용량	1kWh	0.42kg
쓰레기 배출량	1L	0.09kg
휘발유(중형 승용차)	1km	0.21kg

a. 철수가 사용한 것 중 가장 많은 CO_2를 발생하는 것은 자동차다.
b. 철수가 한달 동안 발생한 CO_2의 양은 100kg보다 더 많다.
c. 철수가 한달 동안 발생한 CO_2를 제거하려면 45그루 정도의 잣나무를 심어야 한다.

① a ② b ③ a, b ④ b, c ⑤ a, b, c

➡ 해답 1. ④ 2. ④ 3. ②

Example 3 The table represents the amount of CO_2 that produced in life. If we suppose that Chulsu uses $20m^3$ of city gas, $20m^3$ of water, 1,000kWh of electricity, emits 50L of garbage, and drives 1,000km in a month, choose all correct answers explaining the amount of CO_2 Chulsu produced in a month and how many nut pines he needs to plant in order to eliminate CO_2 he produced. (But, if 0.27kg of CO_2 is produced monthly, suppose that one must plant a nut pine to eliminate this.)

section	monthly usage or distance	monthly produced amount of CO_2
city gas usage	$1m^3$	2.22kg
water usage	$1m^3$	1.53kg
electricity usage	1kWh	0.42kg
waste emission	1L	0.09kg
gasoline (medium vehicle)	1km	0.21kg

a. The thing that produced the most CO_2 is a car.

b. The amount of CO_2 Chulsu produced in a month is over 100kg.

c. Chulsu must plant about 45 nut pines annually in order to eliminate CO_2 he produced in a month.

① a ② b ③ a, b ④ b, c ⑤ a, b, c

rest in biology

Ecosystem을 교란시키는 exotics

Ecosystem의 질서를 교란시키는 exotics로 블루길과 큰입우럭, 황소개구리, 붉은귀거북, 미국자리공, 돼지풀 등이 많이 알려져 있으나 최근에 뉴트리아와 가시박도 국내 ecosystem에 정착하면서 기존의 ecosystem을 threat하고 있다.

뉴트리아는 fur(모피)로 사용하거나 meat(육류)로 소비하기 위해 의도적으로 남미로부터 import(수입)한 exotics다. 그러나 현재 우포늪과 낙동강 하류 등 경남 일대의 강 주변에 정착하여 습지를 찾아온 물새와 수생생물의 habitat를 파괴하고 있다.

가시박은 안동에서 1980년대 후반에 오이 재배의 대목으로 사용하기 위해 북미에서 import한 exotics다. 번식력이 강하여 주변 plant의 표면이나 branch(가지)에 덩굴을 뒤덮는데, 뒤덮인 plant는 photosynthesis(광합성)를 하지 못해 결국 말라 죽는다.

한편 화물의 수출입 등과 같은 비의도적인 경로로 들어온 plant도 있는데 미국 자리공, 돼지풀 등이 이에 속한다.

Sustainable development란?

Sustainable development는 '지속 가능한 개발'로 번역하여 사용하였으나 최근에는 '지속 가능한 발전' 또는 '지탱 가능한 발전'으로 해석하기도 한다. 현재 sustainable development는 '미래 세대가 그들의 필요를 충족시킬 수 있는 가능성을 손상시키지 않는 범위에서 현재 세대의 필요를 충족시키는 개발'로 정의한다.

원래 natural ecosystem(자연생태계)은 sustainable한 체계다. Natural

ecosystem의 equilibrium이 maintain되는 원리를 이해하고 이를 좇으면 resource(자원)를 sustainable하게 관리하고 이용할 수 있다.

Sustainable development를 통해 environment를 protect하는 몇 가지 사례는 다음과 같다.

1 농사를 지을 때 environment의 change를 최소화하여 resource를 보전하고 농업 생산력을 유지한다. 예를 들면 contour(등고선)를 따라 띠 모양으로 작물을 심으면 wind(바람)와 water(물)의 erosion(침식)에 의한 soil(토양)의 손실을 줄일 수 있다. 또 오리나 우렁이와 같은 해충의 natural enemy(천적)를 이용하면 화학 비료와 농약 사용량을 줄일 수 있다.

2 산을 허물어 도로를 개설하고 새로운 관광 단지를 건설할 때 habitat의 단편화가 생길 수 있다. 이때 야생 animal이 habitat를 파괴하는 것을 막기 위해 야생 animal의 이동 통로인 생태 통로를 건설한다.

3 콘크리트 대신에 natural material(천연 재료)을 이용하여 하천 주변에 marsh(습지)와 plant의 community(군집)를 조성하고 수질 정화 시설을 설치하며 물길을 자연스럽게 틔우는 등 nature river(자연형 하천)를 복원한다.

4 도시를 하나의 ecosystem으로 파악하여 도시의 다양한 활동과 main trend(주조)를 natural ecosystem의 상태와 비슷하게 조성하여 human과 environment가 조화를 이룰 수 있는 ecological polis(생태도시)를 건설한다.

5 기존의 energy 대신 gas(가스)나 liquid fuel(액체 연료)로 변환해서 이용하는 hydrogenous(수소)와 fuel cell(연료 전지), coal liquefaction gas(액화 석탄 가스) 등의 new energy(신에너지)와 nature에 존재하는 energy를 regenerate(재생)하여 이용하는 renewable energy의 사용을 늘린다.

Population growth(인구 증가)와 그에 따른 문제

 2004년 세계 population은 65억 명으로, 1960년 30억 명이었던 population의 2배를 넘었다. UN의 2007년 보고서에 따르면 population은 수십 년간 계속 increase(증가)하다가 2050년경에 약 109억여 명에 도달한 후 안정될 것으로 forecast(예측)한다.

 Population growth의 속도는 지역마다 다르며 underdeveloped country(저개발국가)는 developed country(개발국가)에 비해 그 속도가 현저히 높다. 그러나 developed country의 birthrate(출산율)는 크게 낮아져 population growth가 거의 중단된 상태다.

 Population growth는 식량을 비롯한 resources의 부족, living space(생활공간)의 부족, resources의 이용에 따른 environmental destruction과 environmental pollution의 심화 등과 같은 심각한 문제를 일으킬 수 있다.

 Underdeveloped country에서는 population의 높은 증가율과 population의 대도시 concentration(집중)이 문제이므로 birthrate를 낮춰 population growth rate(인구 증가율)를 낮추고 지방 중소 도시를 육성하여 population을 분산시켜야 한다.

 Developed country에서는 평균수명의 연장으로 population aging(인구 노령화)과 decline(하락)하는 birth rate(출산율)로 인한 labor shortage(노동력 부족)가 문제이므로 노인을 위한 시설과 일자리를 늘리고 social security system(사회보장제도)을 확대해야 한다.

4

Microorganism: Viruses
미생물: 바이러스

Biological phenomena(생물학적 현상)란 plant(식물), human(인간), animal(동물) 및 microorganism(미생물)과 같은 living bodies(생물체)에서 일어나는 organism(유기체)과 molecular level(분자 수준)의 biological(생물학적)한 function(기능)과 activity(활동)를 말한다. 그러나 bacteria(세균), virus(바이러스), protozoa(원생동물)와 fungi(균류)를 포함하는 microorganism의 물리적인 function과 activity는 microbiologic phenomena(미생물학적 현상)로 지칭된다.

basic concept

미생물의 생명 현상
Virus

To be alive(살아 있다는 것)는 무엇을 의미하는 걸까? The phenomenon of life(생명 현상)와 opposed to(반대)되는 개념은 무엇일까? 이에 대해 생각해 보려면 우리는 living organism(생물)과 inanimate object(무생물)에 대해 배우고 그 개념을 비교하며 living organism과 inanimate object가 공통적으로 가지는 feature(특징)가 무엇인지 분석해야 한다.

Inanimate object와 다른 living organism의 feature로는 metabolism(물질대사), stimulus(자극)에 대한 response(반응), reproduction(생식)과 heredity(유전), adaptation(적응), homeostasis(항상성)의 유지 등이 있다.

Virus는 일반적으로 cell structure(세포 구조)가 매우 단순하여 independent(독립적)한 metabolism이 불가능하므로 metabolism을 특성으로 가진다고 하기는 어렵다. 그러나 host(숙주) 내에서는 자손을 multiply(증식)하는 등 reproduction(생식)과 genetic characteristic(유전적 특성)을 나타내므로 organism(생물)의 특성을 가진다고 할 수 있다.

Virus는 스스로 replication(복제)을 하는 것이 불가능한데도 cell division(세포 분열)을 하며 그 종류가 다양하다. Virus는 proprietary enzyme (독자적인 효소)이 없어서 host 내에서 parasite(기생)할 때 스스로 metabolism을 하지 못하고 살아 있는 host의 nutrient(영양분)를 이용하여 multiply한다. 이 과정에서 mutation(변이)이 일어나기도 하는데 이는 reproduction과 heredity를 하는 living organism의 특성과 유사하여 virus의

organism적 특성으로 취급된다. 그러나 host cell(숙주세포) 밖에서는 the phenomenon of life가 나타나지 않는 crystal(결정체)로 존재하므로 inanimate object의 특성을 나타낸다.

또 virus는 어디에 parasite하느냐에 따라 animal에 붙어사는 종류, plant에 붙어사는 종류 그리고 bacteria에 붙어사는 종류로 classify(분류)되며 nucleic acid(핵산)의 종류, 즉 핵의 genetic material(유전물질)이 DNA인지 RNA인지에 따라 classify하기도 한다.

사람에게 deadly(치명적)한 virus들도 있는데 AIDS(에이즈) virus, Ebola(에볼라) virus, SARS(사스), avian flu(조류 독감), Influenza A virus subtype H1N1(신종 플루) 등이 그것이다.

Living organism은 cell(세포)의 크기를 키우는 것이 아니라 cell division을 통해 cell의 수를 increasing(늘림)함으로써 growth(생장)를 한다. 그리고 일부 living organism은 cell division을 통해 reproduction을 하기도 한다.

Virus는 host cell 내에서 multiply하기 위해 host에 stick to(달라붙다)하고 host cell 내의 cytoplasm(세포질)까지 이동하여 gene(유전자)으로부터 proliferation(증식)을 한다. 그리고 gene의 replication과 새로운 protein(단백질)의 synthesis(합성)로 새로운 virus가 만들어진다.

reading biology

바이러스가 자신의 DNA를 세포에 주입하는 것으로 박테리아의 유전자 장악(genetic takeover)이 시작된다. 유입된 바이러스의 세포 기구는 새로운 바이러스를 빠른 속도로 생산하도록 설계되어 있다.

바이러스는 작고 단순하며 세포 내에서 발견되는 세포 구성 요소가 결핍되어 있다. 정의상으로(by definition) 바이러스는 단지 외피 단백질로 포장된 유전자들로 구성된 전염성 입자(infectious particle)에 지나지 않는다.

누군가 바이러스가 생명체인지 아닌지 물어볼 수 있다. 처음에 바이러스는 생물학적 화학 물질로 추정되었다. 1800년대 말에 연구팀은 바이러스가 유기체 사이로 확산될 수 있고 많고 다양한 질병들을 일으킬 수 있기 때문에 그들을 단순한 생물 형태로 여겼다.

이에 대한 반론은 바이러스들이 물질대사 활동 수행을 하거나 생식 능력이 없기 때문에 생명체가 아니며 대신 화학 물질이나 살아 있는 독립체도 아니라는 것이다.

바이러스에 대한 연구는 과학자들이 유전자를 조작하고 이후에 이들을 한 숙주에서 또 다른 숙주로 옮길(transfer) 수 있도록 함으로써 이어졌다. 유전자 치료에서 바이러스는 유전자 도입의 매개물로(as agents) 사용된다. 기초 의학 과정뿐만 아니라 생명 공학도 이러한 최근의 발전으로부터 가장 많은 혜택을 얻었다.

바이러스 구조

핀의 머리를 보고 거기에 무엇이 들어맞을지 상상해보라. 적어도 100만 개의 미세한 바이러스가 그 핀의 머리에 존재할 수 있다는 것을 알게 되면 놀랄 것이다. 가장 큰 바이러스도 현미경으로 거의 보이지 않기 때문에(barely visible) 그것은 그들이 얼마나 미세한지 말해 줄 것이다. 주의 깊은 결정화

A virus injects its DNA into a cell, with this the start of a genetic takeover of the bacterium begins. The cellular machinery that manifests itself is designed to rapidly produce new viruses.

Viruses are small and simple and even lacking in the structure that is found in a cell. What a virus is by definition is an infectious particle consisting of no more than genes packaged in a protein coat.

One might ask the question whether or not a virus is living or not? The answer is that in the beginning they were thought to be biological chemicals. In the late 1800's researchers believed that because viruses are capable of being spread between organisms and can cause a large variety of diseases that they were simple life forms.

The argument against this is that because viruses can not carry out metabolic activities or reproduce they are not living and instead are neither chemicals nor living entities.

The study of viruses has led to the ability of scientists to manipulate genes and subsequently transfer them from one host to another. In gene therapy viruses are used as agents of gene transfer. Biotechnologies as well as basic medical procedures have benefited the most from these recent advances.

과정(process of crystallization)이 끝나면 보다 쉽게(readily) 바이러스를 관찰하고 연구할 수 있다. 이 상태에서 바이러스가 핵산으로 구성되고 외피 단백질에 둘러싸인 것은 분명하다. 심지어(Additionally) 일부 바이러스들은 그 주변에 외막을 가질 수 있다. 바이러스 게놈을 둘러싼 단백질 껍질은 캡시드라고 불린다.

바이러스 증식 주기

바이러스는 단백질을 만드는 데 필요한 수단이 부족하여 세포 내 편성기생충으로 분류된다. 명확하게 표현하자면 이것은 숙주세포 내부에서(within a host cell) 편성 기생하는 것이 그들의 자기 복제의 유일한 방법이라는 것을 의미한다. 각 바이러스는 한정된 종의 숙주세포들만을 감염시킬 수 있는데 이것을 바이러스의 숙주 범위라고 한다.

연구에 따르면(In studies) 웨스트 나일 바이러스는 조류와 말뿐만 아니라 인간을 감염시킬 능력이 있다고 밝혀졌다. 말 뇌염 바이러스는 웨스트 나일 바이러스와 크게 다르지만 이 또한 같은 종을 감염시킬 수 있다. 그에 반해 홍역과 같은 바이러스는 인간만 감염시킬 수 있다.

- 용균성 주기

바이러스 감염 방식은 바이러스가 숙주에 부착된 바이러스 게놈이 세포 안으로 침투하는 것이다. 바이러스가 세포 내로 침투하는 방식은 바이러스의 구조에 따라(depending on the structure of the virus) 다르다. 이미 언급된 T-바이러스는 꼬리를 이용하여 DNA를 박테리아에 주입시킨다. 또 다른 일반적인 방법(Another popular method)은 원형질막에 바이러스막을 융합하는 것이다.

숙주에는 바이러스성 단백질을 만들기 위한 모든 성분(all of the ingredients)이 들어 있다. 일단 캡소미어와 바이러스성 핵산 분자가 만들어지면

Virus structure

Imagine seeing the head of a pin and wondering what could fit on there. You would be shocked to find out that at least a million tiny viruses could be on the head of that pin. The largest of viruses is barely visible under a microscope, so that should tell you just how small they are. After a careful process of crystallization the virus can more readily be observed and studied, in this state it is apparent that the virus is made up of nucleic acid and surrounded by a protein coating. Additionally, some viruses might even have a membranous envelope around it. The protein shell that the viral genome is enclosed in is called the capsid.

Virus replicative cycles

Since viruses lack the necessary means to make proteins they are considered obligatory intracellular parasites. To clarify, this means that the only way for them to replicate is by doing so within a host cell. Each virus can only infect cells of a limited number of host species; this is referred to as the host range of the virus. In studies it has been found that the West Nile virus has the capability to infect humans as well as birds, and horses. The equine encephalitis virus varies greatly from the West Nile virus; however it too can infect the same species. In contrast, a virus like measles only has the capability to infect humans.

이들은 자연스럽게 모여 새로운 바이러스를 형성한다. 가장 기본적인 방식의 바이러스 자기 복제 주기의 종결은 수천 개의 바이러스가 숙주세포를 떠난 후에 발생한다. 이 최종 과정은 보통 숙주세포를 파괴하거나 손상시키는 것이다.

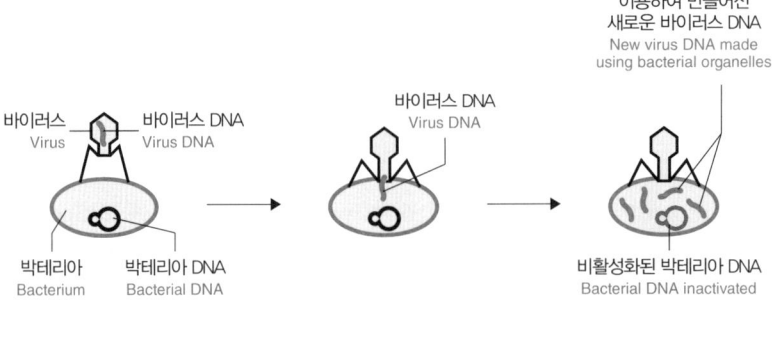

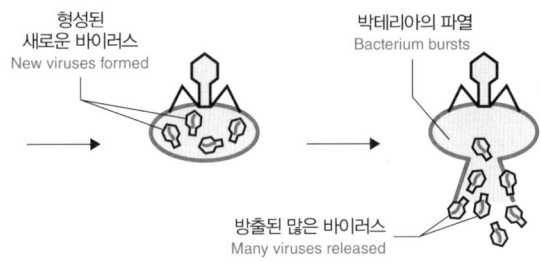

짝수형 T 바이러스 주기
T-even phage virus cycle

• 용원성 주기

이미 논의된 용균성 주기와 다르게 용원성 주기는 파지 게놈의 자기 복제 과정 동안 숙주세포를 파괴하지 않는다. 일부 파지는 두 개의 자기 복제 과정을 이용하는 능력을 갖고 있는데 이들은 온건성 파지라고 한다.

용원성 주기 동안 DNA 분자는 바이러스성 단백질을 통해 숙주세포 염색체의 어떤 곳으로 삽입되는데 바이러스성 단백질은 숙주세포 염색체의

- Lytic cycle

The way a virus infection works is the virus binds itself to a host and then the viral genome works its way inside the cell. The way in which a virus works its way inside differs depending on the structure of the virus. One example is The T-virus, which has already been talked about, makes use of its tail to inject DNA into a bacterium. Another popular method is by fusion of the viral envelope with the plasma membrane. The host contains all of the ingredients for making the viral proteins. Once the capsomeres and viral nucleic acid molecules are made, they spontaneously gather together to form new viruses. The ending of the most basic form of virus replicative cycles comes about after thousands of viruses exit from the host cell. This final process usually destroys or damages the host cell.

- Lysogenic cycle

Differing from the already talked about lytic cycle, the lysogenic cycle does not destroy the host cell during the replication process of the phage genome. Some phages have the ability to use both replicative processes, these are called temperate phages.

During the lysogenic cycle the DNA molecule is incorporated into a certain place on the cell chromosome by way of viral proteins that break both circle-shaped DNA molecules and join them together. The viral DNA here is referred to as a prophage because of its distinct integration into the bacterial chromosome. Whenever the cell divides, it copies the phage DNA and its own,

두 개의 원 모양의(circle-shaped) DNA 분자들을 잘라내고 바이러스 DNA를 삽입한 후 재결합시킨다. 이러한 상태의 바이러스성 DNA를 프로파지라고 하는 이유는 박테리아 염색체와 독특한 방법으로 통합되기 때문이다.

세포는 분열할(divide) 때마다 파지와 자신의 DNA를 복제하여(copy) 그것들이 새로운 세포에 유전되게 한다. 이러한 과정 때문에(Due to) 한 개의 세포는 프로파지 형태를 포함하는 다수의(a multitude of) 박테리아 세포들을 생산할 수 있다.

바이러스의 진화

바이러스가 물질대사 활동을 수행하지 못하고 스스로 자기 복제를 할 수 없어도(Even though) 여전히 유전 암호를 사용한다는 사실은 그들이 그럼에도 불구하고(still) 생물의 진화와 관련되어 있다는 확실한 증거(proof positive)다.

바이러스는 번성하기 위해 세포들에 의존하고 이 때문에 종종 그들은 세포 이전 생물의 직계 자손(direct descendants)이 아닌 진화의 부산물로 여겨진다. 최초의 바이러스는 플라스미드나 트랜스포존이었을 것으로 가정된다(hypothesized). 세포 핵산의 일부분이 한 세포에서 다른 세포로 전이된 후 세포의 손상된(injured) 표면을 통해 최초로 출현했을 수 있다.

플라스미드는 작은, 원 모양의 DNA 분자로 박테리아에서 발견된다. 그들은 세포의 게놈으로부터 독립되어(apart from) 존재하고 게놈을 이용하지 않고도 스스로 복제할 수 있다. 세포 게놈의 한 부분에서 또 다른 부분으로 이동하는 능력을 가진 DNA 조각들을 트랜스포존이라고 한다.

대단히 흥미로운 사실은 일부 바이러스성 유전자들이 숙주의 유전자와 동일하지만 최근 일부 다른 바이러스들의 유전 암호가 서로 매우 유사하다는 것이 밝혀졌다는 점이다. 이것은 일부 바이러스 유전자가 자연선택을 통해(through) 바이러스가 진화했을 초기 단계 동안 선호되어 살아남았을 거라는 추론이 가능한 증거(possible proof)다.

so that they are passed on to new cells. Due to this process one single cell can produce a multitude of baterica cells that carry the prophage form.

Evolution seen in viruses

Even though viruses cannot carry out metabolic activities or replicate on their own, the fact that they still use genetic code is proof positive that they are seemingly still connected to evolution of the living world.

Viruses depend on cells in order to thrive and because of this it is often thought that they are not direct descendants of precellular life but instead a byproduct of evolution. The original viruses are hypothesized to have been plasmids or transposons. It's possible that bits of cellular nucleic acids were transformed from one cell to another and first came from an injured surface of a cell.

Plasmids are tiny, circle-shaped DNA molecules that are found in bacteria. They exist apart from the cell's genome and can duplicate themselves without the use of the genome. DNA segments that have the ability to transfer from one section of the cell's genome to another, are transposons.

What is fascinating is that while some viral genes are identical to the genes of the host recently it has been identified that the genetic code of some equitably different viruses are very similar to each other. This is possible proof that through natural selection some viral genes were favored and survived during the early stages of what might have been a virus evolution.

새로운 바이러스의 출현

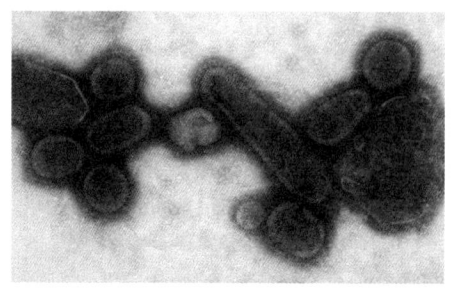
스페인 인플루엔자

지난 세기에 가장 잘 알려진 신형 바이러스의 예는 의심할 여지 없이 HIV다. 세계에 알려진 첫 번째 사례는 지난 1959년 벨기에령 콩고에서 발생했다. 또 다른 치명적인 바이러스는 아프리카에 처음 나타난 에볼라 바이러스다. 이 치명적인 바이러스는 열과 구토를 일으키고 최종적으로는 사람의 순환계를 손상시킨다(collapse). 모기에 물려 뇌염이라고 불리는 치명적인 바이러스가 생겨 뇌에 염증이 생길 수도 있다.

이러한 바이러스들이 밝혀진 지금, 사람들은 그들이 어떻게 처음 발생하게(come about) 됐다고 생각하는 걸까? 답은 세 부분 또는 과정의 형태로 설명될 수 있다.

첫 번째는 돌연변이된(mutated) 최초의 바이러스 형태다. 최고의 돌연변이 확률을 가진 바이러스는 RNA 바이러스다. 두 번째 과정은 그저 새로운 바이러스의 세계화 또는 새로운 바이러스에 대한 정보 및 검증 부족일 것이다. 일부 바이러스들은 억제될 수 있지만 이들이 빨리 명명되거나 확인되지 않으면 전 세계로(around the globe) 빠르게 확산될 수 있다. 세 번째 과정은 동물 숙주형에서 인간 숙주형으로 변형되는 것일 수 있다. 이것의 가장 유명한 예는 최근 2009년에 발생한 "돼지 인플루엔자"일 것이다.

전염병은 많은 사람들에게 악영향을 미치는 대규모 바이러스 발생이다. 앞서 언급된 것 중 하나가 유행성 독감이다. 세 가지 유형의 인플루엔자 바이러스가 있다. 유형 A는 사람, 새, 돼지 등과 같은 지구상의 대다수(a large majority of) 종들을 감염시킨다. 반면에 유형 B와 C는 인간들만 감염시킨다. 지난 세기 최악의 전염병은 "스페인 독감"이었다. 이 끔찍한 전염병은 약 4,000만 명의 목숨을 앗아갔는데 이들 중 대다수는 제1차 세계 대전에서

The emergence of new viruses

The most well-known example of an emerging virus, in the past century, is without a doubt HIV. The first case reported in the world was in the Belgian Congo back in 1959. Another deadly virus that first appeared in Africa is the Ebola virus. This fatal virus caused fever, vomiting, and eventually the collapse of one's circulatory system. A mosquito bite might also bring about a deadly virus called encephalitis and cause the brain to become inflamed.

Now that these viruses have been identified and talked about how does one gather that they first came about? The answer comes in the form of three parts or processes.

The first is that of a mutated original virus. The virus with the highest rate of mutation is the RNA virus. The second process is simply by globalization and lack of information or identification of or about a new virus. Some viruses can be contained but if they are not named or identified quickly enough then they can spread rapidly around the globe. The third process can be the transformation of a new virus from an animal to a human. The most prominent example of this would be the recent outbreak, in 2009, of "swine flu."

Epidemics are large outbreaks of viruses that adversely affect a large part of the population. The talked about ones are the influenza epidemics. There are three types of influenza viruses. Type A infects a large majority of species on earth such as humans, birds, pigs etc. On the other hand types B and C only infect humans. The worst epidemic in the past century was the

싸웠던 군인들이었다. 우리가 동물로부터 바이러스가 전염되는 데는 여러 가지 이유가 있지만 그중 몇 가지는 개발되지 않은 땅(undeveloped land) 위에 새로운 도로나 건물을 세우거나 숲을 파괴하는 것이 될 수 있다. 가장 중요한 것(The most important thing)은 인간이 신속하게 새로운 바이러스를 규명할 수 있고 바이러스에 걸리거나 확산되는 것을 적절히 예방하는 방법을 교육받을 수 있다는 것이다.

"Spanish Influenza." This horrible epidemic took about 40 million lives and many of those were soldiers fighting in the First World War. There are many reasons why we might get viruses from animals, a few reasons might be the construction of new roads and buildings on undeveloped land or the possible destruction of forests. The most important thing is that we as people are able to quickly identify new viruses and educate ourselves on how to properly prevent getting or spreading a virus.

problem solving

문제 1 다음 그림은 바이킹호가 화성에 착륙하였을 때 실시한 실험을 나타낸 것이다. 과학 시간에 다음과 같은 실험을 하려고 했으나 학교 기자재 중에는 방사능 계측기가 없었다. 다음 중 방사능 계측기를 대신할 수 있는 방법으로 옳은 것은?

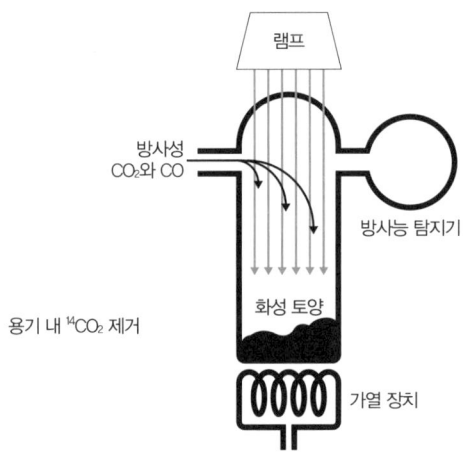

열 분해적 방출 실험

① $CuSO_4$ 결정을 놓는다.
② KOH 용액을 놓는다.
③ 붉은 리트머스 종이를 놓는다.
④ 마그네슘을 잘게 부수어 놓는다.
⑤ 포화 $Ca(OH)_2$ 용액을 놓는다.

Example 1 Following is a picture of the experiment conducted by Viking Spacecraft when it landed on Mars. You tried to conduct the same experiment on below during science class; however, the school doesn't have a radio activity measuring equipment. What is the method you can use in place of a radio activity measuring equipment?

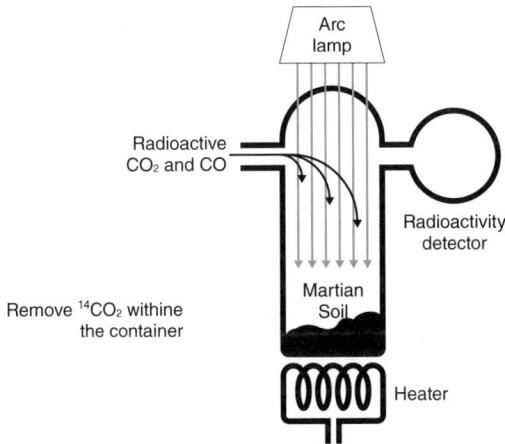

Pyrolytic Release(PR) experiment

① Put $CuSO_4$ crystals.

② Put KOH solution.

③ Put red litmus paper.

④ Put broken up Magnesium.

⑤ Put saturated $Ca(OH)_2$ solution.

문제2 다음은 잎에 반점이 생기는 증상을 유발하는 담배 모자이크 바이러스에 감염된 담뱃잎으로 수행한 실험이다. 자료에 대한 설명으로 옳은 것을 모두 고르라.

A. 담배 모자이크 바이러스에 걸린 담뱃잎을 갈아서 얻은 추출물을 세균이 통과하지 못하는 세균 여과기로 걸렀다.
B. 여과액을 건강한 담뱃잎에 발라 주었다.
C. 며칠 후 여과액을 바른 담뱃잎에서 담배 모자이크 바이러스가 발생하였다.

> a. 담배 모자이크 바이러스는 세균을 통해 감염된다.
> b. 담배 모자이크 바이러스를 일으키는 병원체는 세균보다 크기가 작다.
> c. 건강한 담뱃잎의 추출물을 담배 모자이크 바이러스에 걸린 잎에 바르면 병이 나을 것이다.

① a   ② b   ③ a, b   ④ b, c   ⑤ a, b, c

Example 2 Following is an experiment with tobacco leaves infected by tobacco mosaic disease which shows the symptoms of spots on leaves. Choose all correct explanations on the information below.

A. Grind infected leaves and filter with a bacterial filter so it doesn't contain any bacteria.
B. Apply filtrate on healthy tobacco leaves.
C. Few days later, tobacco leaves which filtrate was applied on got infected by tobacco mosaic disease.

> a. Tobacco mosaic disease is transmitted by bacteria.
> b. Pathogenic organisms which cause tobacco mosaic disease are smaller than bacteria.
> c. The disease will be cured if extracts from healthy tobacco leaves are applied on infected leaves.

① a   ② b   ③ a, b   ④ b, c   ⑤ a, b, c

문제3 다음에서 생명 현상의 특성과 관련된 식물과 동물의 예로 옳게 짝 지은 것을 있는 대로 고르라.

	생명 현상의 특성	식물	동물
a	물질대사	물에 불린 보리 씨를 보온병에 넣어 두었더니 보온병의 온도가 올라갔다.	간에서는 암모니아와 이산화탄소로부터 요소를 합성한다.
b	항상성 유지	더운 여름날 낮에 해바라기는 물을 증발시켜 체온을 조절한다.	어두운 곳에서는 고양이의 동공이 커진다.
c	적응과 진화	평지에서 자란 소나무의 가지는 숲 속에서 자란 것보다 넓게 퍼진다.	개구리의 긴 혀는 곤충을 잡아먹기에 알맞다.

① a   ② b   ③ c   ④ a, c   ⑤ b, c

Example 3 Choose all correct examples of plant and animal in relation with characteristics of the vital phenomenon.

	characteristics of vital phenomenon	plant	animal
a	Metabolism	The temperature of the thermos bottle increased when I put soaked barley seeds inside of it.	Liver composes urea from ammonia and carbon dioxide.
b	Homeostasis	Sunflower vapor its moisture in order to control the body temperature during hot summer days.	The pupil of cat's eye broadens in dark.
c	Adaptation and Evolution	Branches of a pine which grew on a flat ground spread out wider that the ones grew in the forest.	Frog's long lingua is suitable for catching insects.

① a ② b ③ c ④ a, c ⑤ b, c

Microorganism: Viruses

문제4 다음은 생명 현상의 특성을 A와 B로 분류한 것이다. 자료에 대한 설명으로 옳은 것을 모두 고르라.

A. 물질대사, 생장, 자극에 대한 반응, 항상성
B. 생식, 유전, 적응과 진화

> a. 지렁이가 빛을 피해 이동하는 것은 A에 속하는 현상이다.
> b. 밤에 꽃피는 식물의 수분이 주로 나방에 의해 일어나는 것은 B에 속하는 현상이다.
> c. 바다에 사는 물고기가 진한 오줌을 소량 배설하는 것은 B에 속하는 현상이다.

① a ② b ③ c ④ a, b ⑤ a, b, c

→ 해답 1. ⑤ 2. ② 3. ④ 4. ④

Example 4 Following classifies characteristics of the vital phenomenon into A and B. Choose all correct explanation on the information below.

A. metabolism, growth, reaction respond to stimulus, homeostasis
B. reproduction, heredity, adaptation and evolution

> a. Earthworm's movement to shun the light is a phenomenon that belongs to A.
> b. Pollination of night flowers occurred mostly by moths is a phenomenon that belongs to B.
> c. Oceanic fish's excretion of thick urine in small quantity is a phenomenon that belongs to B.

① a ② b ③ c ④ a, b ⑤ a, b, c

rest in biology

바이러스의 발견자 Dimitri Ivanovsky(드미트리 이바노프스키)

이바노프스키(1864~1920)

러시아의 botanist(식물학자)로 filterable virus(여과성 바이러스)를 발견해 virology(바이러스학)의 founder(창시자) 중 한 명이 되었다. 그는 1887년 성 피츠버그대학에서 연구하던 당시 plantation(농장)에 great damage(큰 피해)를 주는 tobacco disease(담배 질병)를 조사하기 위해 우크라이나 지방으로 파견되었다. 그로부터 3년 후 크리미아 지방에서 tobacco disease와 similar disease(유사한 질병)가 발생하여 그에 대한 조사 임무를 assigned(부여)받았다. Ivanovsky는 조사 과정에서 bacteria보다 작아 filter(여과기)를 통과하는 매우 작은 infectious agent(전염 매개체)를 발견하였다.

1892년, Ivanovsky는 자신의 논문에 이 과정을 설명했다. 담배 모자이크병에 걸린 담뱃잎의 extract(추출물)를 bacillus filter(세균 여과기)에 통과시켰다. 걸러져 나온 filtrate(여과액)를 건강한 담뱃잎에 발랐는데 건강한 담뱃잎에도 mosaic disease(모자이크병)가 생겼다.

그는 이 실험을 통해 bacillus filter를 통과할 정도, 즉 bacteria보다 더 작은 pathogen(병원체)의 존재에 대해 알게 되었다. 이것이 바로 virus다. Ivanovsky가 발견한 pathogen은 다음의 3가지 사실을 분명하게 보여준다.

1 Pathogen은 bacteria보다 작다.
2 Pathogen은 plant 간의 spread across(전파)가 가능하다. 즉 contagious(전염성)가 있다.

3 어떤 process(과정)인지는 확실하지 않지만 pathogen은 host plant(숙주 식물) 내에서 multiply한다.

이때까지 virus의 존재는 알았지만 눈으로 확인할 수는 없었다. 1935년 미국의 microbiologist(미생물학자) Stanley(스탠리)는 감염된 담뱃잎에서 squeezed(짜내다)한 filtrate를 optical microscope(광학현미경)으로 관찰하여 처음으로 virus를 눈으로 확인했다. 관찰한 tobacco mosaic virus(담배 모자이크 바이러스)의 생김새는 long, thin crystal (길고 가느다란 결정체)과 같았다.

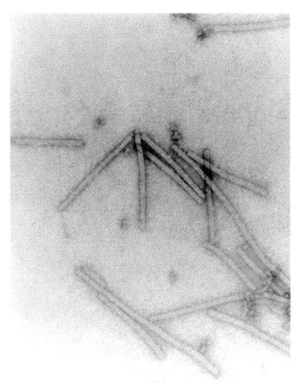

담배 모자이크 바이러스

Is there life on Mars?(화성에는 생명체가 있는가?)

지난 1976년 Mars(화성)에 landed(착륙)한 바이킹 1호와 2호의 카메라를 통하여 living organism이나 sign of life(생물의 흔적)가 보이지 않는 것을 confirmed(확인)하였다. 그러나 Mars의 soil(토양) 속에 포함되어 있을지도 모를 미세한 organism의 존재를 확인하기 위하여 다음의 3가지 experiment를 carried out(수행)하였다.

1 Mars의 soil이 든 실험 용기에 radioactivity(방사성을 띠는)한 기체를 투여한 후 arc light(아크 등)를 비춘다. 5일 후 soil sample(토양 시료)을 가열하여 radioactivity한 organic compounds(유기 화합물)가 volatilized (휘발)되어 나오는지의 여부를 확인한다.

2 Mars의 soil이 든 실험 용기에 radioactivity한 nutritive substance(영양 물질)를 투여한 후, 10일 동안 용기 내의 air(공기)에 radioactivity한 기체가 나타나는지 periodically(주기적으로)하게 조사한다.
3 Mars의 soil이 든 실험 용기에 일정한 composition(조성)을 가진 gas mixture(혼합 기체)를 넣고 substance(물질)를 투여하면서 기체 조성비에 어떤 변화가 생기는지 gas analyzer(기체 분석기)를 이용하여 주기적으로 조사한다.

이 experiment들은 photosynthesis(광합성)를 하거나 breathing(호흡)을 하는 organism이 있는지 알아보기 위한 것이고, 있다면 radioactivity한 유기물이나 기체가 detected(검출)될 것이다. 또한 gas mixture의 조성에도 변화가 생길 것이다. 이 모든 experiment는 모든 organism이 metabolism을 한다는 특성을 이용한 것이다. 아직 Mars에서는 organism이 확인되지 않았다.

Bacteria vs Virus

Bacteria는 일반적으로 cell 하나로 이루어져 스스로 energy(에너지)와 protein을 만들며 survival(생존)한다. Virus는 gene과 이를 둘러싼 protein shell(단백질 껍질)로 구성되고 organism의 밖에서는 inanimate object 같지만 cell과 접촉하면 cell에 기생하여 multiply한다.

Bacteria의 크기는 수 마이크로미터로 일반 optical microscope으로도 관찰할 수 있지만, virus의 크기는 수백 나노미터로 electron microscope(전자 현미경)으로 관찰할 수 있다.

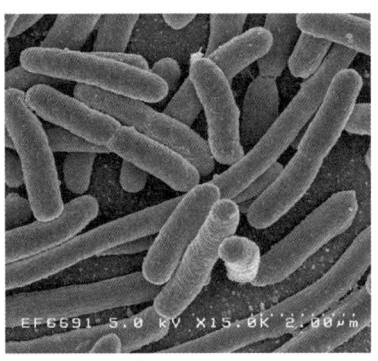
박테리아

대표적인 bacteria로는 bacteria of anthrax(탄저균), pest(페스트) 등이 있고 대표적인 virus로는 avian influenza, AIDS, Ebola virus, SARS 등이 있다.

Bacteria는 antibiotics(항생제)로 죽일 수 있지만 virus에는 일반적으로 효과가 없고 vaccine에 의한 예방이나 증상에 따른 대증 요법만이 가능하다. 그러므로 감기에 걸렸을

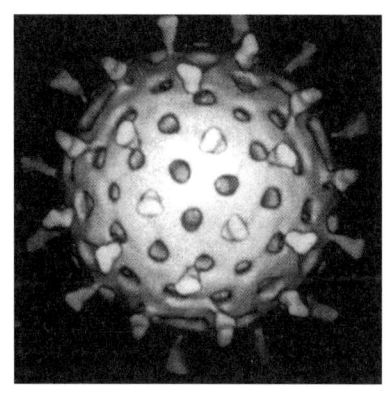

바이러스

때 antibiotics를 먹는 이유는 감기로 인해 발생한 bronchitis(기관지염)나 pneumonia(폐렴)를 치료하기 위한 것이지 virus를 fight off(퇴치)하기 위함은 아니다.

Virus를 fight off하기 위해서는 그 virus에 맞는 특정한 vaccine을 사용해야 한다. Vaccine은 virus를 끓이거나 화학적으로 treat하여 여러 조각으로 끊어서 만든다. 이 조각이 인체에 들어오면 immune system(면역체계)은 virus 조각 표면의 특정 부위를 인식해 해당 virus를 죽일 수 있는 immunocyte(면역세포)를 만든다.

Antibiotics의 사용이 늘면서 bacteria에도 tolerance(내성)가 생겨 아무리 강력한 antibiotics에도 죽지 않는 bacteria가 나타났다. 이러한 bacteria를 슈퍼 bacteria라고 하는데 대표적으로 VRSA(vancomycin resistant staphylococcus aureus, 반코마이신 내성 황색포도상구균)는 현존하는 가장 강력한 antibiotics에도 tolerance를 보인다.

Foot-and-mouth disease(구제역)는 왜 hoof(발굽)가 2개인 동물에게만 생길까?

Foot-and-mouth disease virus(구제역 바이러스)는 30나노미터 크기의 RNA virus로 감기처럼 air를 통해 spread(전파)된다. 그런데 왜 foot-and-mouth disease virus는 hoof가 둘인 동물인 Artiodactyla(우제류)에만 발생하고 사람에겐 infect(감염)되지 않을까? 그것은 virus가 perceive(인식)할 수 있는 host의 cell 표면의 protein이 다르기 때문이다.

Foot-and-mouth disease virus는 artiodactyla의 cell 표면의 integrin(인테그린)이라는 protein을 perceive하여 invade(침투)한다. Artiodactyla가 감기에 걸리지 않는 이유도 감기 virus가 artiodactyla의 cell 표면 protein을 perceive하지 못하기 때문이다.

5

Basic Units of Life: Cell
생물의 기본 단위: 세포

Form(형태)과 function(기능)은 coin(동전)의 two sides(양면)와 같다.
Function을 enhance(강화)하기 위해서는 appropriate(적절)한
form이 존재하거나 만들어져야 한다.
—Ida P. Rolf(아이다 P. 롤프)

basic concept

생명 활동이 시작되는 곳
Cell

모든 phenomenon of life(생명 현상)는 metabolism(물질대사)에 기초하여 이루어진다. Metabolism은 living bodies(생물체) 내에서 일어나는 matter(물질)의 chemical reaction(화학 반응)인데 chemical reaction이 일어나기 위해서는 reactant(반응 물질)가 상호 접촉하고 enzyme(효소)이 act(작용)해야 한다. 이때 water(물)는 matter를 dissolve(용해)하여 운반하고 matter가 서로 만나 interaction(상호 작용)을 하여 chemical change(화학적 변화)를 일으킬 수 있는 floating environment(유동적인 환경)를 제공한다.

모든 living organism(생물)을 이루는 fundamental unit(기본 단위)은 cell(세포)이다. Cell이 모여 organization(조직)을, organization이 모여 organ(기관)을, organ이 모여 하나의 object(개체)를 이룬다.

Living bodies의 configuration step(구성 단계)은 plant(식물)와 animal(동물)이 약간 다르지만 다양한 shape(모양)와 function(기능)을 가진 cell이 systematically(체계적으로)하게 모여 다양한 tissue(조직)를 구성한다.

예를 들면 plant는 parenchyma(유조직), mechanical tissue(기계 조직), conducting tissue(통도 조직)가 있고 animal은 epithelial tissue(상피 조직), connective tissue(결합 조직), muscle tissue(근육 조직), nerve tissue(신경 조직) 등이 있다. 하지만 plant는 organ은 있으나 organ system(기관계)이 없고 tissue system(조직계)이 있으며, animal은 organization은 있으나 tissue system은 없고 organ system이 있다.

Living bodies를 이루는 기본 단위인 cell과 cell 내부의 organelle(세포소기관) 및 그것의 function을 파악하면 living organism이 어떤 방법으로 생명 활동을 수행하는지 알 수 있다.

이러한 생명 활동에 관여하는 matter로는 protein(단백질), nucleic acid(핵산), polysaccharides(다당류) 등이 있다. Protein의 구성 단위체는 amino acid(아미노산)고 nucleic acid의 구성 단위체는 nucleotide(뉴클레오티드), polysaccharides의 구성 단위체는 glucose(포도당)다. Cell에서 발견되는 biological membrane(생체막)은 모두 주성분이 phospholipid(인지질)와 protein이다.

Cell은 크게 nucleus(핵)와 cytoplasm(세포질)으로 구성되고 cytoplasm에는 여러 소기관들이 있어 각각 unique(독특)한 structure(구조)와 function을 나타낸다.

Plant cell(식물세포)은 animal cell(동물세포)과 달리 cell wall(세포벽)이 있어 일정한 shape를 띠고 photosynthesis(광합성)를 할 수 있는 chloroplast(엽록체)를 가지며 수용액이나 세포액이 차 있는 vacuole(액포)이 있다. Vacuole은 animal cell에도 있으나 미미하다. 이러한 것들은 없지만 유일하게 animal cell에게만 있는 것이 centrosome(중심체)이다. Organelle의 수는 각 cell의 function에 따라 달라지고 특정 function을 수행하기에 적합하도록 adjust(조절)된다.

reading biology

　　　　　　세포는 모든 살아 있는 존재의 기본 기능이면서 작업 단위다. 그것은 생물학의 핵심이고 그 중요성은 화학의 원자나 물리학의 물질과 비교할(compared to) 수 있다.

생물의 기본 단위

　대다수의 생물체는 단세포로 존재하지만 다세포라고 불리는(termed multicellular) 보다 복잡한 것이 있다. 다세포 생물의 단위세포는 혼자의 힘으로 살아갈 수 없다. 그렇기 때문에 이들은 생물체가 기능할 수 있도록 특정 업무를 수행하는 특별한 세포를 가지고 있다. 순환계와 같은 체내 시스템은 매우 복잡하지만 정맥과 동맥은 여전히 세포로 구성되어 있다는 것을 기억하는 것이 중요하다. 분명히 하자면(To clarify) 세포는 여전히 신체 기능과 구조의 기본 단위다.

　세포들은 시간이 흐르면서 초기의 세포로부터(from earlier cells) 진화했다는 사실에 근거해(based on) 모두 서로 관계가 있다. 세포들을 서로 비슷하게 만드는 보편적인 특징들을 여기에서 살펴볼 것이다.

세포 구조

- 원핵세포

　두 가지 다른 종류의 세포가 있다. 원핵세포와 진핵세포가 그것이다. 원핵세포에 속하는 생물은 세균류와 고세균류다. 원핵세포에서 **DNA**는 핵양체라고 불리는 비막성 한정 영역에 밀집되어(concentrated in) 있다. 원핵세포들은 진핵세포에 앞서 진화되었다.

The cell is the basic functioning and operational unit of all living entities. It is so fundamental to biology that its importance can be compared to the atom in chemistry or matter in physics.

The basic units of life

Most organisms exist as single cells however there are more complex ones, termed multicellular. Multicellular organisms could not go about living on their own and therefore they have special cells that each perform a certain task in order for the organism to function. It is important to remember that even though the body has very complex systems inside, such as the circulatory system, the veins and arteries are still made up of cells. To clarify, the cell remains the basic unit of function and structure for the human body.

Cells are all related to each other based on the fact that over time they have evolved from earlier cells. The common features that make cells similar to each other will be looked at in this unit.

Cell structure

- Prokaryotic cell

There are two different kinds of cells, prokaryotic and

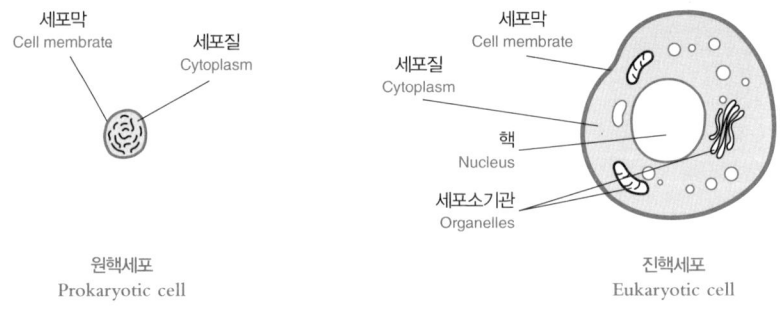

- 진핵세포

　진핵세포들은 동물과 식물에서 균류와 원생생물 범위에 이르는(ranging from) 다양한 생물에서 발견된다. 원핵세포와의 한 가지 큰 차이점은 진핵세포들은 핵 안에 대다수의 DNA를 포함하고 있다는 것이다. 진핵세포에는 세포질이 존재하고 그것은 원형질막과 핵 사이에 있다. 세포질 내에는 다른 종류의 세포 기관들이 있는데 이들은 각각의 모양과 수행할 기능을 갖는다. 진핵세포들은 일반적으로 원핵세포에 비해 크기가 매우 크다. 직경 10~100마이크로미터로 측정되는 세포들은 그들이 생존하고 증식하는 데 필요한 기능을 수행할 수 있을 만큼 충분히 커야 한다.

- 물질대사 과정

　모든 세포의 가장자리에는 원형질막이 들어 있다. 이 보호벽은 영양소, 산소 그리고 노폐물이 전체 세포로 출입하도록 돕는다. 세포가 성장하면 그들의 부피는 표면적 이상으로 커진다. 이것을 염두에 두면(in mind) 더 작은 물체는 부피에 비해 더 큰 비율의 표면적을 갖는다는 것을 추론할 수 있다. 부피에 비해 이례적으로 높은 표면적 비율은 장 세포처럼 많은 물질이 처리되는 세포에 필요하다(be essential). 보다 큰 생물은 세포 수는 많지만 각각의 세포 크기는 크지 않다. 좁고 가늘고 긴 모양의 세포가 이런 현상에 대한 확실한(solid) 증거임을 알아야 한다.

eukaryotic. The organisms that belong under the umbrella of prokaryotic cells are bacteria and achaea. In prokaryotic cells the DNA is concentrated in a non-membrane enclosed area called a nucleoid. Prokaryotic cells evolved before eukaryotic cells.

- Eukaryotic cell

Eukaryotic cells are seen in a wide variety of organisms ranging from animals and plants to fungi and protists. A major difference from prokaryotic cells is that eukaryotic cells contain the majority of their DNA in a nucleus. In eukaryotic cells there exists a cytoplasm and it lies in between the plasma membrane and the nucleus. Inside the cytoplasm are different kinds of organelles that each have their own shape and function to carry out. Eukaryotic cells are generally very large in size compared to prokaryotic cells. Measuring in at only $10\sim100\mu m$ in diameter the cells must be large enough for cells to perform the necessary functions for them to survive and reproduce.

- Metabolic process

The edge of every cell contains a plasma membrane. This protective wall allows for nutrients, oxygen and wastes to facilitate the whole cell. As cells grow their volume grows more than their surface area. With this in mind one can deduce that a smaller object has a larger ratio of surface area to volume. An unusually high ratio of surface area to volume is essential to cells in which a lot of material is handled like that of intestinal cells. One must

진핵세포에 대한 심층 조사

● 핵

대부분의 유전자들은 진핵세포의 핵에 존재하고, 유전자가 발견될(present) 수 있는 다른 두 장소는 미토콘드리아와 엽록체다. 핵을 세포질로부터 분리시키는 것을 핵막이라고 하고 그것은 핵 주위를 둘러싼다. 핵막은 두 개의 막으로 구성되어 있다. 각각의 막은 지질 이중층(lipid bilayer)이다. 핵막은 핵 미세공 복합체가 나열된 상태로 구성되어 있다. 미세공 복합체의 목적은 RNA뿐만 아니라(as well as) 단백질 출입(exit and entry)을 조절하는 것이다.

단백질 필라멘트 혹은 네트 역할을 하는 핵막하층은 핵막의 핵변을 따라 늘어선다. 핵막하층은 핵의 모양을 유지한다. 유전자 정보를 운반하고 별개의 단위로 구성된 구조를 염색체라고 한다.

하나의 긴 DNA 분자는 각 염색체 안에 포함되어 있고 단백질과 결합되어 있다. 이 경우, 단백질은 사실상 각 염색체의 길이를 감소시켜 핵의 범위 내에(within the confines of the nucleus) 들어 맞도록(fit) 해준다(allowing). 염색체를 구성하는 DNA와 단백질 결합체에 주어진 이름(given name)은 염색질이다. 각각의 진핵세포는 핵 내에 특정 수의 염색체를 갖고 있다. 인간은(In humans) 일반적으로 그 수가 46개고 이는 8개의 염색체만을 갖고

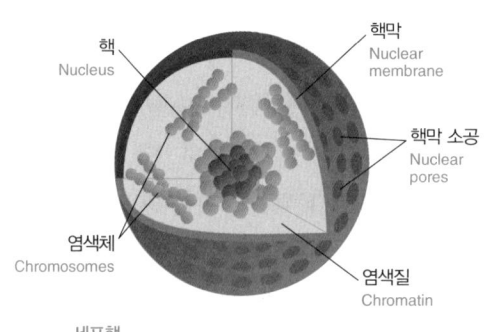

있는 작은 곤충과 비교될 수 있다. 염색질 안의 섬유질 덩어리는 인이라 불린다. 인에서 리보솜 RNA는 DNA에 있는 유전 정보에 따라 제조된다. 리보솜 RNA는 세포질의 단백질과 함께 결합되어 다양한(varying) 크기의 리보

realize that in larger organisms the number of cells is large but not the size of the individual cells; narrow and elongated shaped cells are solid evidence of this phenomenon.

An in-depth look at eukaryotic cells

- Nucleus

Most of the genes are present in the nucleus of eukaryotic cells, the other two places that genes can be found are in the mitochondria and chloroplasts. What separates the nucleus from the cytoplasm is called a nuclear envelope, and it wraps itself around the nucleus. There are two membranes that the nuclear envelope is made up of. Each membrane is a lipid bilayer. The nuclear envelope consists of perforated pores that are lined by pore complex lines. The goal of the pore complex lines is to regulate the exit and entry of proteins as well as RNAs.

Protein filaments or nuclear lamina that act as a net, line the nuclear side of the nuclear envelope. The nuclear lamina maintain the shape of the nucleus. Structures that carry the genetic data and are organized into distinct units are called chromosomes. One lengthy DNA molecule is contained inside each chromosome and is made up of proteins. In this case, proteins actually reduce the length of each chromosome, thus allowing it to fit within the confines of the nucleus. The name given for the DNA and proteins, which make up the chromosomes is chromatin. Each eukaryotic cell has a specific number of chromosomes in its nucleus. In humans that number is generally 46, this can be

솜 소단위체를 만든다. 크고 작은 소단위체는 핵막 미세공을 통과하여(pass through) 세포질 내에서 리보솜을 형성하기 위해 함께 결합될 것이다.

- 리보솜

리보솜은 단백질 합성을 수행하고 단백질과 리보솜 RNA로 구성된다. 한 세포 내의 리보솜 수는 한 세포 내의 단백질 합성률에 정비례한다(be directly proportional). 이것의 한 예는 수백만 개의 리보솜을 갖고 있는 인간의 방광 세포다. 리보솜이 단백질을 제조하는 곳은 두 부분으로 되어(twofold) 있다. 단백질은 자유리보솜을 이용하여 세포질 내에서 합성되며 결합리보솜의 도움으로(with the help) 핵막에서도 합성된다. 세포질 내에서 만들어지는 대다수의 단백질은 거기에서도 기능한다. 이에 반하여(whereas) 결합리보솜은 막으로 주입될 단백질을 만든다.

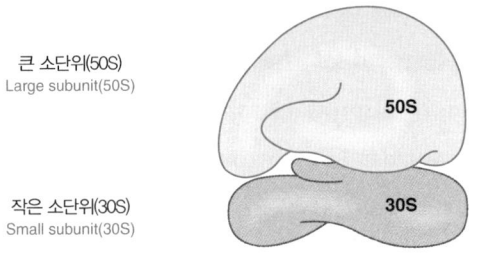

완성된 70S 리보솜
Complete 70S ribosome

- 소포체

진핵세포막의 절반 정도(Nearly half of)는 소포체(ER)로 구성되어 있다. 광대한(vast) 시스터네낭과 막 모양의 세관이 결합되어 소포체를 구성한다. 일관된 형태와 구조를 갖는, 뚜렷이 다른 두 개의 연결된 소포체 부분이 있다. 첫 번째는 활면소포체라 부르는데, 바깥면(outer surface)에 리보솜이 존재하

compared to a small insect which only has 8 chromosomes. A mass of fibers inside the chromatin is called the nucleolus. In the nucleolus ribosomal RNA is manufactured based on the instructions present in the DNA. The ribosomal RNA are assembled together with proteins from the cytoplasm to construct varying sizes of ribosome subunits. A large and a small subunit will assemble together to form a ribosome after passing through the nuclear pores and into the cytoplasm.

- Ribosomes

Ribosomes carry out protein synthesis and are derived from protein and ribosomal RNA. The number of ribosomes in a cell is directly proportional to the rate of protein synthesis within a cell. One example of this is a cell of a human bladder that has millions of ribosomes. The locations that ribosomes manufacture proteins are twofold. They are built in the cytosol using free ribosomes and in the nuclear envelope with the help of bound ribosomes. The majority of proteins made inside the cytosol function there as well, whereas bound ribosomes make proteins that are intended to be injected into membranes.

- The endoplasmic reticulum

Nearly half of the total membrane of a eukaryotic cell is made up of an endoplasmic reticulum(ER). A vast network of cisternae sacs and membranous tubules combine to make up the ER. There are two distinct, connected areas of the ER that have differing,

지 않는 상태에서 이름이 유래했다. 조면소포체를 현미경으로 보면 거칠게 보이는데 그 이유는 표면에 리보솜이 존재하기 때문이다.

1 활면소포체: 활면소포체의 기능은 매우 다양하고(be diverse) 세포 유형에 따라 확실하게 다르다(obviously vary). 활면소포체의 주요 기능 중 하나는 간세포에 존재하는 효소를 이용하여 약을 해독하는 것이다. 우리는 음주가 활면소포체의 증가와 그에 상응하는(corresponding) 해독 효소의 증가를 유도하기(induce) 때문에 알코올 내성이 고조되는 것을 알 수 있다. 또한 한 약의 사용이 다른 약들의 효과와 유용성에 역효과를 미칠(have an adverse on the effect) 수 있고 이는 소기의 효과를 얻기 위해(to get the desired effect) 더 많은 양의 복용이 필요하다는 것을 의미한다. 활면소포체의 다른 과정으로는 탄수화물의 물질대사와 지질 합성이 포함된다.

2 조면소포체: 리보솜에서 분비되는(secreted by ribosomes) 단백질은 조면소포체에 달라붙는다. 췌장 세포가 소포체에서 인슐린을 합성한 후 호르몬을 혈류로 방출할(release) 때를 하나의 예로 들 수 있다. 이것은 폴리펩타이드가 결합리보솜에서 자란 후 작은 구멍을 통해 소포체로 유입되는(is threaded) 방식으로 작업한다. 폴리펩타이드는 소포체 내강에서 자연스런 인슐린 형태를 생성한다. 분비 단백질은 자유리보솜에 의해 만들어지는 단백질과 격리되어 보관된다. 이 단백질들은 막소낭이라 불리는 막으로 둘러싸인 채 소포체로부터 유출된다.

consistent forms and structure. The first is called the smooth ER and got its name from the lack of ribosomes on its outer surface. Under a microscope rough ER looks rough because of the presence of ribosomes on its surface.

1. Smooth ER: The functions of smooth ER are very diverse and they obviously vary depending on the type of cell. One of the major functions of smooth ER is the detoxification of drugs through the use of enzymes, located in liver cells. We can see that a tolerance can be built up to alcohol because the use of alcohol induces the proliferation of smooth ER and its corresponding detoxification enzymes. Additionally, the use of one drug can have an adverse on the effect and usefulness of other drugs, meaning that higher doses are required to get the desired effect. Other processes of smooth ER include metabolism of carbohydrates and synthesis of lipids.

2. Rough ER: Proteins secreted by ribosomes are attached to the rough ER. One example is when pancreatic cells release a hormone into the bloodstream after synthesizing insulin in the ER. The way this works is a polypeptide chain grows from a bound ribosome and then is threaded into the ER through a pore. Inside the ER lumen the polypeptide chain takes its natural shape. Secretory proteins are kept isolated from proteins produced by free ribosome. These proteins eventually leave the ER wrapped in bubbles called membrane vesicles.

problem solving

문제 1 다음 그림은 인체의 구성 요소를 나타낸 것이다. 아래의 설명 중 옳은 것을 모두 고르라.

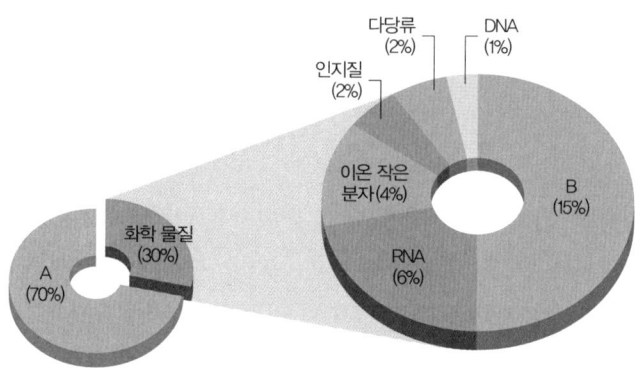

a. 인체를 구성하는 물질 중 가장 많은 A는 유기물이다.
b. B는 효소와 호르몬의 주성분으로 생리 작용을 조절한다.
c. 인체에서 유전 정보의 저장과 전달을 담당하는 물질의 비율은 7퍼센트다.

① a ② b ③ a, b ④ b, c ⑤ a, b, c

Example 1 The picture explains the composition of human body. Choose all correct explanations on the information below.

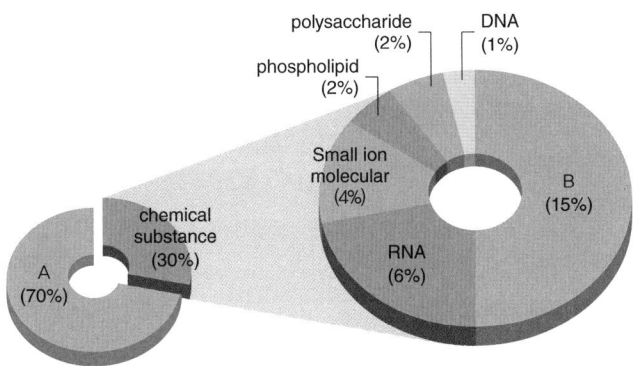

a. A, the most substance that composites the human body, is organic matters.

b. B controls the physiological function as main component of enzyme and hormone.

c. The rate of substance which takes charge of saving and transmitting genetic information in human body is 7%.

① a ② b ③ a, b ④ b, c ⑤ a, b, c

문제2 다음 그림은 단백질의 구조를 나타낸 것이다. 아래의 설명 중 옳은 것을 모두 고르라.

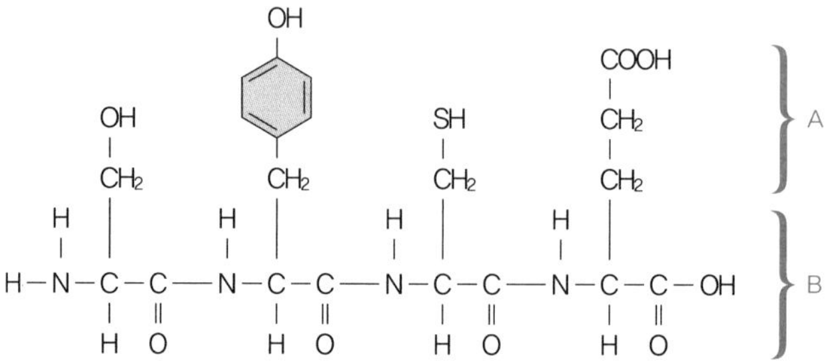

a. A의 배열 순서에 따라 유전 정보가 저장된다.
b. B는 3개의 펩타이드 결합에 의해 형성되었다.
c. A를 구성하는 부분의 상호 작용에 의해 단백질의 1차 구조가 형성된다.

① a　　② b　　③ a, b　　④ a, c　　⑤ b, c

Example 2 The picture represents the structure of protein. Choose all correct explanations on the information below.

```
                    OH
                    |
                    ◯
                    |
         OH         |         SH        COOH
         |          |         |         |
         CH₂        CH₂       CH₂       CH₂      ⎫
      H  |       H  |      H  |      H  |        ⎬ A
      |  |       |  |      |  |      |  |        ⎭
   H—N—C—C — N—C—C — N—C—C — N—C—C—OH  ⎫
      |  ‖       |  ‖      |  ‖      |  ‖        ⎬ B
      H  O       H  O      H  O      H  O        ⎭
```

a. Genetic information is saved according to the sequence order of A.

b. B is formed by the combination of 3 peptides.

c. Primary protein structure is formed by the interaction of parts that compose A.

① a   ② b   ③ a, b   ④ a, c   ⑤ b, c

문제3 그림 A와 B는 세포에 존재하는 두 종류의 핵산이다. 왼쪽의 그림은 A의 일부분을 확대한 것이다. 다음 중 설명으로 옳지 않은 것은?

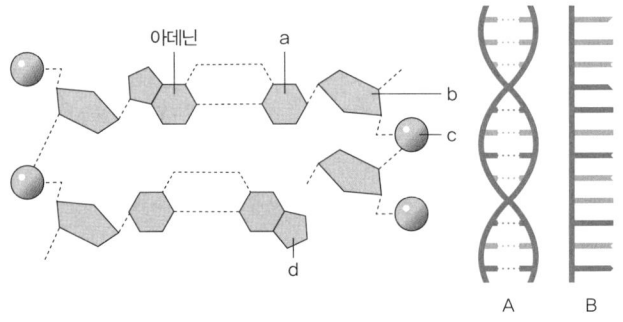

① b는 5탄당인 디옥시리보오스다.
② d는 시토신 염기다.
③ 뉴클레오티드는 a + b + c다.
④ a에 상응하는 염기는 B에서 찾을 수 없다.
⑤ B는 유전자 정보의 전달과 A에서 유래된 단백질 합성에 참여한다.

Example 3 Picture A and B are two kinds of nucleic acids which exist in cells, a picture on the left is enlarged picture of part of A. Which is not correct?

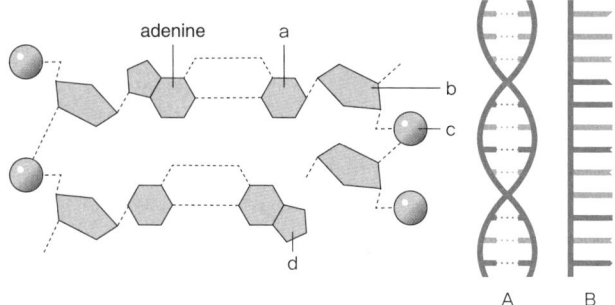

① b is deoxyribose which is pentos.
② d is cytosine base.
③ Nucleotide is a+b+c.
④ Base which is relavant to a is not found in B.
⑤ B takes a part in transmission of genetic information and protein synthesis of A.

문제 4 다음은 생명체를 구성하는 기본 물질에 대한 설명이다(단, A~E는 물, 핵산, 지방, 단백질, 탄수화물을 순서 없이 나타낸 것이다). A~E에 대한 설명으로 옳지 않은 것은?

		무기물
무기물	A	비열과 기화열이 커서 체온 유지를 돕는다.
		체액의 pH 조절, 삼투압 조절 등에 관여한다.
		유기물
	B	효소와 호르몬의 주성분이다.
	C	세포의 주 에너지원, 식물세포의 주요 성분이 된다.
	D	유전 정보의 저장과 전달에 관여한다.
	E	에너지 저장 물질이면서 세포막과 성호르몬의 성분이 된다.

① A는 극성을 띠며 분자 사이에 수소 결합이 형성된다.
② B의 단위체는 일반적으로 아미노기와 카복시기를 가진다.
③ C에 속하는 물질에는 녹말, 글리코겐, 셀룰로오스가 있다.
④ D는 핵 속에서 발견되고 세포질에서는 발견되지 않는다.
⑤ E는 물에 녹지 않고 에테르와 같은 유기용매에 녹는다.

➡ 해답 1. ④ 2. ② 3. ④ 4. ④

> **Example 4** Following is the explanation about basic substances which compose the living organism(But, A~E indicates water, nucleic acid, fat, protein and carbohydrate randomly). Which is not the correct explanation about A~E?

	Inorganic matter
A	is helpful to maintain the body temperature because specific heat and heat of vaporization is big.
Mineral	takes part in controlling pH, osmotic pressure, etc. in body.
	Organic matter
B	is main component of enzyme and hormone.
C	is main energy source for cells and main component of vegetable cells.
D	is involved in storage and transmission of genetic information.
E	is energy reserve substance and component of cell membrane and sex hormone.

① A is polarized and hydrogen bond is formed between molecules.

② Monomer of B commonly has amino group and carboxyl group.

③ Starch, glycogen and cellulose belong to C.

④ D is found in a nucleus and can't be found in cytoplasm.

⑤ E doesn't melt in water but in organic solvent such as ether.

rest in biology

Magnifying glass(확대경)의 발명가 Roger Bacon(로저 베이컨)

Cell의 observation(관찰)에 큰 기여를 한 device(기기)는 microscope(현미경)이다. 영국의 철학자이자 과학자인 Roger Bacon(1214~1294)은 이 microscope의 모체가 되는 magnifying glass를 최초로 발명했다.

Bacon은 옥스퍼드대학에서 mathematics(수학)를 배웠고 파리대학에서 importance of experience(경험의 중요성)를 배웠다. 1245년, 파리에서 옥스퍼드로 돌아온 후 'Robert Grosseteste(로버트 그로스테스트)'를 읽고 깨달은 바가 있어 언어, mathematics, science(과학), optics(광학)에 대한 깊은 연구를 시작했다.

Bacon은 여러 가지 렌즈와 거울이 대상을 zoom in and out(확대하고 축소)하는 것에 대해 연구했고 이 결과로 magnifying glass를 발명하게 됐다.

그가 《Opus Majus(대서)》에서 이룬 optics에 대한 업적은 Claudius Ptolemaios(클라우디오스 프톨레마이오스), Al-kindi(알 킨디), Alhazen(알하젠) 등의 업적만큼 중요하다는 평가를 받는다.

Optical microscope(광학현미경)와 electron microscope(전자현미경)

Microscope의 발달은 cell의 structure를 연구하는 데 큰 기여를 했고, 특히 electron microscope의 개발로 이전에는 관찰할 수 없었던 cell의 fine structure(미세 구조)까지 볼 수 있게 되었다.

Optical microscope는 visible light(가시광선)를 이용해 사물을 최대

2,000배로 확대하여 cell의 nucleus, mitochondria(미토콘드리아), chloroplast(엽록체) 등을 관찰할 수 있다.

Electron microscope는 visible light 대신 electron beam(전자선)을 물체에 주사해 반사되는 것을 detector(검출기)로 감지해 관찰하는데 눈으로는 볼 수 없고 화면이나 사진으로만 관찰할 수 있다. Electron microscope로 사물을 수백만 배까지 확대해서 볼 수 있으며 cell의 fine structure도 관찰할 수 있다.

Microscope은 1590년대 독일의 Janssen, H와 Janssen, Z(얀센 부자)에 의해 만들어졌고 처음으로 microscope을 사용해 microorganism을 관찰한 사람은 Leeuwenhoek(레벤후크, 1632~1723)다.

Procaryotic cell과 eukaryotic cell

Procaryotic cell에는 유전물질인 DNA를 감싸는 nuclear membrane(핵막)이 없기 때문에 DNA가 cytoplasm에 존재하는데, 이는 'nucleoid(핵양체)'에 densely(밀집)하여 존재한다. 막으로 된 organelle도 없어 structure가 간단하고 eukaryotic cell에 비해 크기도 작다. Colon bacillus(대장균), cyanobacteria(남세균), eubacteria(진정 세균) 등 procaryotic cell의 대부분이 one-cell(단세포)로 이루어졌다.

반면에 eukaryotic cell은 plant cell이나 animal cell처럼 뚜렷하게 구분되는 nucleus가 있으며 DNA는 막으로 싸여 cytoplasm과 분리된 nucleus 속에 존재한다.

Chloroplast, mitochondria, endoplasmic reticulum 등 막으로 이루어진 여러 organelle이 존재하므로 구조적으로 복잡하며 procaryotic cell보다 크기가 크고 colony(군체)를 이루거나 many cells(다세포)로 이루

구분	procaryotic cell	eukaryotic cell
cell membrane(세포막)	○	○
nuclear membrane(핵막)	×	○
cell wall(세포벽)	peptidoglycan (펩티도글리칸)	cellulose (셀룰로오스)
염색형	원형 DNA	여러 개
ribosome(리보솜)	○	○
막성 세포소기관	×	○

어졌다. 위의 표는 procaryotic cell과 eukaryotic cell을 비교한 것이다.

Procaryotic cell로 이루어진 living organism을 prokaryote(원핵생물)라고 하는데 bacteria, archaea(고세균), cyanobacteria 등이 이에 속한다. 또 eukaryotic cell로 이루어진 living organism을 eukaryote(진핵생물)라고 하며 protista(원생생물), mold(곰팡이), plant, animal 등이 이에 속한다.

6

Growth and Proliferation of Cell
세포의 생장과 증식

Living organism(생물)과 inanimate object(무생물) 간에는 하나의 main difference(주요한 차이)가 있는데 그건 바로 breeding(번식) 능력이다. 이는 cell(세포)과 관련 있는 자연 현상이다.

세포의 일생
Cell Cycle

Cell cycle(세포 주기)은 크게 interphase(간기)와 mitotic phase(M phase, 분열기)로 나뉘고 interphase는 다시 Gap1(G_1기), synthesis phase(S기), Gap2(G_2기)로, M phase는 prophase(전기), prometaphase(전중기), metaphase(중기), anaphase(후기), telophase(말기), cytokinesis(세포질 분열)로 나뉜다.

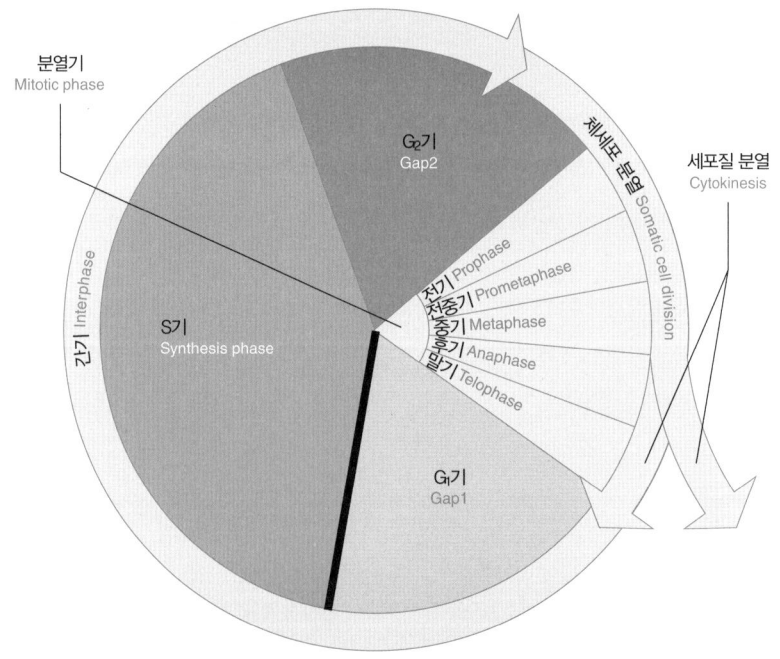

Interphase는 cell cycle의 대부분을 차지하는 시기로 M phase와 그 다음 M phase 사이의 시기를 말한다. Cell division(세포 분열)으로 새로 생긴 daughter cell(딸세포)이 생장하고 nucleus(핵)와 인이 관찰되며 DNA synthesis(DNA 합성)와 protein synthesis(단백질 합성) 등 metabolism(물질 대사)이 활발하게 일어나는 시기다.

Interphase는 다시 cell division으로 새로 생긴 daughter cell에서 DNA synthesis가 이루어지기 전까지의 G_1기, DNA가 합성되는 S기, DNA synthesis가 끝난 후 M phase에 들어가기 전까지의 G_2기로 나뉜다.

DNA synthesis가 일어나는 S기에는 nucleus 속의 모든 DNA가 replicated(복제)되어 2배가 된다. 한 DNA가 replicated되어 만들어진 두 DNA molecule(분자)은 2개의 chromatid(염색분체)가 된 다음 1개의 chromosome(염색체)을 구성하기 때문에 S기에 DNA가 replication(복제)이 되어도 chromosome의 수는 같다.

M phase에는 nucleus가 나뉘는 nuclear division(핵분열)과 cytoplasm(세포질)이 나뉘는 cytokinesis가 있는데, 먼저 nuclear division 동안 replicated된 DNA가 2개의 daughter nucleus(딸핵)에 각각 나뉘어 들어가고 anaphase 이후에 cytokinesis가 완료되면 2개의 daughter cell이 형성된다.

Nuclear division은 chromosome의 활동을 기준으로 prophase, prometaphase, metaphase, anaphase, telophase의 순으로 진행된다.

Prophase에는 genetic material(유전물질)이 있는 chromatin thread(염색사)가 chromosome이 된 후 계속 chromosome의 형태로 존재하다가 anaphase에서 다시 chromatin thread 상태로 되돌아간다.

그런데 cytokinesis는 animal(동물)과 plant(식물)에서 다르게 나타난다.

Animal cell(동물세포)에서는 contractile ring(수축환)이라는 microfilament(미세섬유)의 다발이 cell membrane(세포막)을 점점 안으로 조이면서 membrane을 함입시켜 segregation(분열)이 일어난다.

Plant cell(식물세포)에서는 다수의 vesicle(소낭)이 cell의 중앙에서 융합되고 이때 나온 cell wall(세포벽)의 물질에 의해 형성된 cell plate(세포판)가 mother cell(모세포)의 cell wall에 연결되면서 cytokinesis가 일어난다.

Somatic cell division(체세포 분열) 동안 먼저 nuclear division이 완성되어 2개의 daughter nucleus를 가지게 되면 이어서 cytokinesis가 일어나 daughter nucleus 사이의 cytoplasm을 나눔으로써 somatic cell division이 완료된다.

한편 sexual reproduction(유성생식)을 하는 암수 개체는 gamete(생식세포)을 형성할 때 각 gamete 속에 자신의 chromosome의 절반만 들어가게 한다. 이렇게 절반의 chromosome 수를 가지는 gamete을 만드는 과정을 meiosis(감수분열)라 한다. 즉 meiosis는 sexual reproduction을 하는 animal에서 sperm(정자)이나 ovum(난자)과 같은 haploid(반수체)의 gamete을 형성하기 위해 일어나는 cell division이다.

Meiosis는 세대를 거듭하더라도 각 종의 chromosome 수를 일정하게 보존하고 자손의 genetic variation(유전변이)을 증가시키는 데 그 의의가 있다. 그러나 chromatid는 genetic combination(유전적 조합)이 같으므로 서로 분리되더라도 genetic variation은 생기지 않는다.

Somatic cell division과 meiosis를 비교하면 somatic cell division과 meiosis I은 chromatid의 분리 방식에 의해 일어나므로 두 daughter cell의 genetic combination이 같다. 반면 meiosis II는 homologous chromosome(상동염색체)의 분리 방식에 의해 일어나므로 somatic cell division의 방식과 다르다.

Chiasmata(키아즈마타, meiosis 중 나타나는 homologous chromosome의 가시적 결합)란 2개의 homologous chromosome이 서로 correspond(대응)하는 부위를 교환하는 현상으로 주로 meiosis I에서 일어난다. Bivalent chromosome

(이가염색체)을 구성하는 homologous chromosome의 chromatid 일부가 X자 모양으로 서로 꼬이면서 gene(유전자)이 chromosomal crossover (염색체 교차)되어 새로운 DNA combination을 가지는 chromosome이 형성되는 chiasmata가 일어나는 것이다. Homologous chromosomes 간의 genetic material의 교차가 일어나면 new genetic recombination(새로운 유전자 재결합)이 형성된다. 그리고 meiosis I 후기에 homologous chromosome이 분리될 때 모계 염색체와 부계 염색체가 무작위로 분배된다.

reading biology

　　　　　세포 분열은 생명체에서 아주 중요한 역할을 한다(plays quite a few significant roles). 하나의 유기체를 만들기 위해서는 하나의 원핵 세포 분열이 필요한데 이것은 또한 단세포 진핵생물에도 적용된다. 또한 세포 분열은 단 하나의 세포에서 다세포 진핵생물이 발생하도록 한다. 세포 분열은 한 유기체가 완전히 자란 이후에도 복구와 재생을 통해 세포의 기능을 유지하게 한다. 이러한 과정을 통해(Through) 죽거나 손상된 세포들은 새로운 건강한 세포로 대체된다. 이것의 적절한 예로 피부 세포는 우리의 몸이 계속적으로 제거하는(get rid of) 죽은 피부 세포들을 대체한다.

유전적으로 동일한 세포

- 딸세포

　진핵세포와 원핵세포의 세포 분열은 두 개의 딸세포에의 동일한 DNA 분배(distribution)와 관련 있다. 감수분열은 정자와 난자 세포를 생산할 수 있는 진핵세포의 특별한 형태로, 위의 규칙에서 예외다. 한 세대에서 DNA를 이용하여 다음의 두 딸세포로 분열하는 세포의 신뢰성은 주목할 만하다. 이 과정은 세포 내에서 DNA를 복제하고 세포 내 양쪽 말단에 해당 정보를 분리한 후 두 개로 분할하는 것이다.

- DNA의 세포 조직

　세포 유전 정보를 게놈이라고 한다. 원핵세포는 단 하나의 DNA 분자로 구성되어(consist of) 있지만 진핵생물 세포는 다수의 DNA 분자를 포함하고 있다. 따라서 진핵세포의 DNA는 거대하고 사람의 경우 2미터 길이에 이

Cell division plays quite a few significant roles in life. To produce just one organism the division of one prokaryotic cell is needed; this also holds true for a unicellular eukaryote. Additionally, cell division allows multicellular eukaryotes to develop from merely one cell. Even after an organism is fully grown cell division helps the cell function through repair and renewal. Through this process cells that die or are damaged are replaced with new healthy cells. A good example of this is the skin cells that replace the dead skin cells that our bodies get rid of on a continuous basis.

Genetically identical cells

- Daughter cells

In both eukaryotes and prokaryotes cell division involves the distribution of DNA to two identical daughter cells. Meiosis is the exception to the rule as it is a special type of eukaryotic cell that can produce sperm and eggs cells. The reliability of cells to split into two daughter cells, using DNA from one generation to the next, is remarkable. This process is done by a cell when it duplicates its DNA and then passes that information to opposite ends of itself and then splits in two.

를 수 있다. 이는 길이가 DNA의 지름보다 대략(roughly) 25만 배 더 크다는 것을 의미한다. 세포는 분열하기 전에 세포의 모든 DNA를 복제한 다음에 두 개로 분열해야 하고 각각의 딸세포는 결국 하나의 종합적인 게놈이 된다. 너무나 많은 DNA가 복제되고 있어 이러한 과정이 어떻게 가능한지 이해하기 어렵지만 다행스럽게도 답은 간단하다. DNA 분자가 염색체라 불리는 구조물로 채워지기 때문이다. DNA 분자는 한 유기체의 유전형질을 명시하는 정보 단위인 수많은 유전자들을 전송한다. 염색체에 동반되는 단백질들은 염색체의 구조를 보존하고 유전자의 활동을 조절하는 데 도움을 준다. 염색질은 DNA와 구조물 단백질로 구성된 복합체로서 염색체를 형성한다(makeup chromosomes).

염색체의 분배

- 진핵세포 분열

각각의 염색체는 길고 얇은 염색질 섬유 형태다. 세포가 분열하지 않는 상태(in a state of non-division)뿐만 아니라(as well as) 세포 분열을 준비하면서(while preparing for cell division) 자신의 DNA를 복제하는 기간 동안에는 염색질 섬유 형태다. 염색체의 아름다움은 세포 분열 후 염색질이 고밀도로 축적되어(dense and tight) 광학현미경(light microscope)으로도 쉽게 보인다는 것이다. 각 염색체는 두 개의 자매 염색분체를 발달시키고 이들은 단지 원래의 염색체 복제물이 결합된 상태다. 자매 염색분체의 결합으로 두 염색분체는 코헤신이라고 하는 단백질 복합체에 의해 연결된다. 동원체는 각각의 자매 염색분체의 중간(in the middle of) 부분이고 특정한 DNA 염기서열이 들어 있다(contains specific DNA sequences). 이 부분은 염색체에서 잘록한 허리 형태로 나타난다. 나중에 이 두 자매 염색분체들은 분리되어 각 세포 말단에 구성되는 각각의 두 핵을 형성한다. 따라서 각각의 새로운 핵은 모세포와 동일한 염색체가 모인 것이다. 세포핵의 DNA 분열 또는 유사 분

- Cellular organization of DNA

A cell genetic information is referred to as its genome. While prokaryotic cells consist of only one DNA molecule eukaryotic cells contain multiple DNA molecules. Thus, DNA in a eukaryotic cell is enormous and can reach lengths of up to 2 m in humans which means that its length is roughly 250,000 times larger than its diameter. Before a cell can divide it must copy all of its DNA, then it must subsequently divide in two to form and each daughter cell ends up with one comprehensive genome. With so much DNA being replicated it is hard to understand how this process is possible, fortunately the answer is simple as DNA molecule are packaged into structures called chromosomes. The DNA molecule transports numerous genes, the units of information that specify an organism's genetic traits. The accompanying proteins preserve the structure of the chromosome and help regulate the activity of the genes. Chromatin is the entire complex of DNA and proteins that are the building blocks, which makeup chromosomes.

Distribution of chromosomes

- Eukaryotic cell division

Each chromosome is in the shape of a long thin chromatin fiber. This is true when a cell replicates its DNA while preparing for cell division as well as when it is in a state of non-division. The beauty of chromosomes is that after cell division the chromatin become so dense and tight that the chromosomes are easily seen under a light microscope. Each chromosome develops two sister chromatids,

열이 발생한 후 세포질 분열이라고 불리는 과정이 발생한다. 세포질 분열은 세포질이 나뉘는 때다.

- 세포 주기의 단계: 유사 분열의 5단계

1. 간기: **DNA**가 자기 복제되어 염색질을 형성한다. 염색질 코일이 응축되어(condense) 염색체를 형성할 때 발생된다.
2. 전기: 핵막이 완전히 사라지고 단백질 섬유가 동원체에 붙어(attach) 그것들을 끌어당기기 시작한다.
3. 중기: 방추 단백질 섬유가 염색체의 동원체를 끌어당겨(pull on) 세포 가운데 부근에 염색체는 정렬하게(align) 한다.
4. 후기: 방추사가 짧아지기 시작하고 이 활동은 동원체를 끌어당겨 결국 동원체가 쪼개지고 염색분체가 반대편 말단으로 이동하게 한다.
5. 말기: 염색분체가 세포의 반대편 끝에 이르면서(reach opposite sides of the cell) 염색분체 주변에 새로운 핵막이 형성되기 시작한다. 이 결과로 두 개의 딸세포가 생기고 세포질 분열이라 불리는 과정이 세포를 분열시킨다.

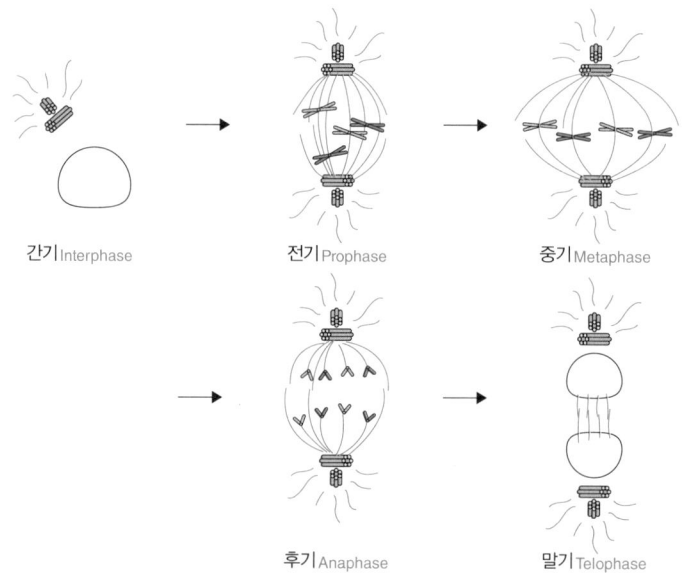

and these are merely joined copies of the original chromosome. Through sister chromatid cohesion, the two chromatid are attached by protein complexes referred to as cohesins. The centromere is the section in the middle of each sister chromatid and contains specific DNA sequences. This section gives the chromosome a look of having a narrow waist. Later the two sister chromatids separate and form two individual nuclei that form at the end of each cell. Therefore each new nucleus gets an assembly of chromosomes that are the exact same as its parent cell. After the division of the DNA in the nucleus or mitosis happens a process called cytokinesis occurs. Cytokinesis is when the cytoplasm is divided.

- Phases of the cell cycle: the five stages of mitosis

1 Interphase: the DNA replicates and forms chromatin, occurs when the chromatin coils condense and forms the chromosomes.
2 Prophase: the nuclear membrane disappears completely, protein fibers attach to the centromeres and begin pulling them.
3 Metaphase: the spindle protein fibers pull on the centromeres of the chromosomes and this causes them to align near the middle of the cell.
4 Anaphase: the spindle fibers now begin to shorten and this action pulls on the centromeres, eventually the centromeres split and this causes the chromatids to move towards opposite ends of the cells.
5 Telophase: new membranes begin to form around the chromatids, as they reach opposite sides of the cell, this results in two daughter cells and a process called cytokinesis splits the cell.

problem solving

문제1 다음 그림은 염색체의 구조를 도식적으로 나타낸 것이다. 이에 대한 설명으로 옳지 않은 것은?

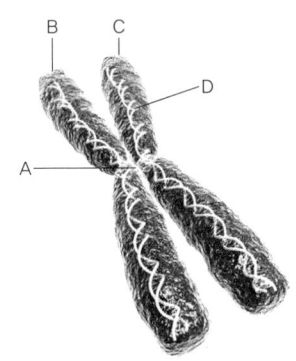

① B와 C는 유전자 조성이 동일하다.
② A는 B와 C의 2개 염색체가 접합한 형태다.
③ 간기의 염색체는 B와 같이 염색사 형태로 존재한다.
④ A는 동원체로 세포가 분열할 때 방추사가 붙는 부위다.
⑤ D는 히스톤 단백질로, 여기에 DNA가 감겨 뉴클레오솜 구조가 만들어진다.

Example 1 The picture typically shows the structure of chromosome. Which is not the correct answer?

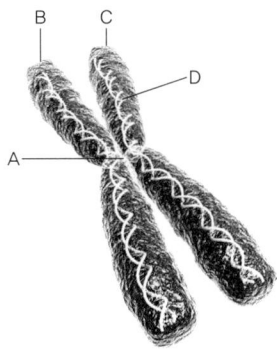

① B and C has same genetic construction.
② A is conjugation form of 2 chromosome of B and C.
③ Chromosome in interphase exist as form of chromonema like B.
④ A is centromere where spindle fiber attaches to as a cell devides.
⑤ D is histone protein, DNA winds on it and form the nucleosome structure.

문제 2 다음은 몇몇 진핵생물의 체세포 염색체 수를 조사한 것이다. 이에 대한 설명으로 옳은 것은?

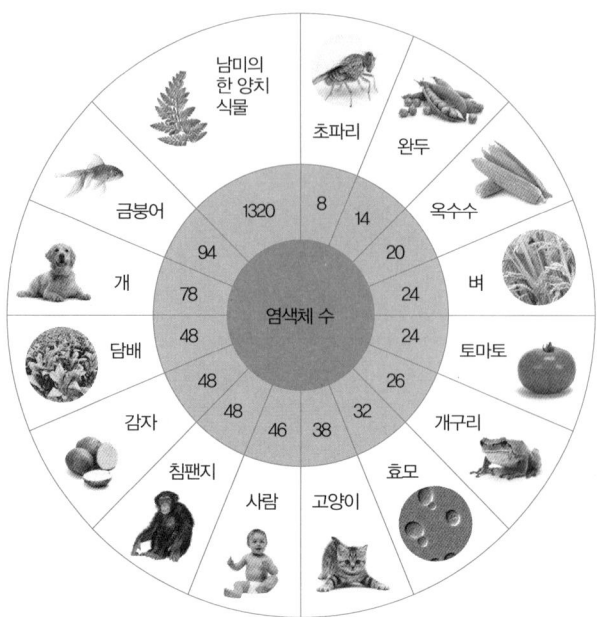

① 고등한 생물일수록 염색체 수가 많다.
② 같은 종의 생물은 같은 염색체 수를 갖는다.
③ 초파리의 정자나 난자의 핵상은 $n=8$이다.
④ 염색체 수가 많을수록 몸집이 큰 생물이다.
⑤ 염색체 수가 짝수인 이유는 부계와 모계로부터 같은 수의 염색체를 물려받기 때문이다.

Example 2 The picture shows a research on some various eukaryotes' somatic chromosome number. Which is correct answer?

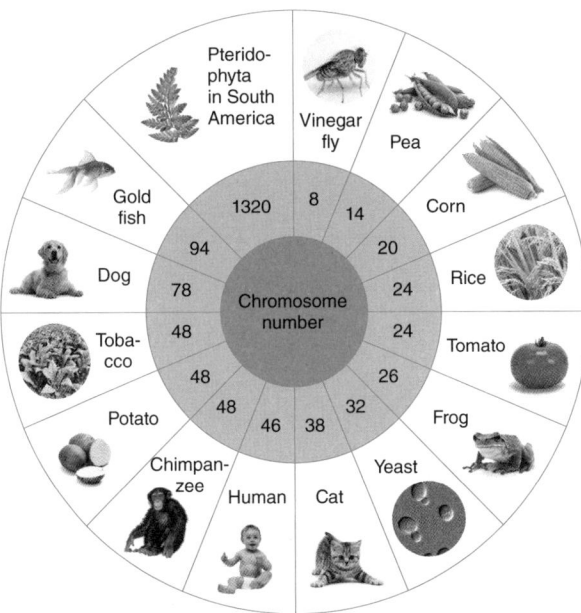

① More advanced organisms have more chromosome number.
② Same species of organisms have same number of chromosome.
③ Nuclear phases of a vinegar fly's sperm or ovum is n=8.
④ Bigger organism has more number of chromosome.
⑤ The number of chromosome is even because one inherits some number of chromosome from each paternal and maternal line.

문제3 그림 A와 B는 사람의 핵형을 분석한 결과를 나타낸 것이다. 이에 대한 설명으로 옳은 것을 모두 고르라.

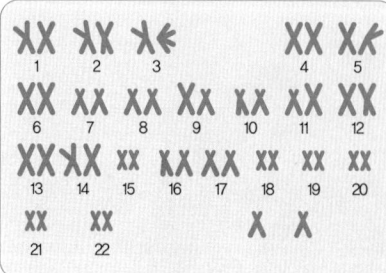

A   B

a. A와 B의 성별은 각각 여자와 남자다.
b. A와 B가 갖는 상염색체의 수는 각각 44개와 45개다.
c. A와 B는 둘 다 부모로부터 동일한 수의 염색체를 물려받았다.
d. 정상적인 경우 A에서 만들어지는 생식세포는 모두 동일한 염색체 구성을 갖는다.

① a, b, c   ② a, b, d   ③ a, c, d   ④ b, c, d   ⑤ a, b, c, d

➡ 해답 1. ②   2. ⑤   3. ②

Example 3 Picture A and B express the result of analysis on human karyotype. Choose all correct answer.

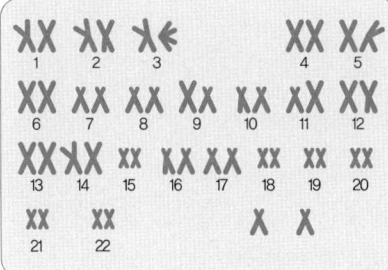

A   B

a. Gender of A and B is respectively female and male.

b. The number of autosome that A and B has is respectively 44 and 45.

c. Both A and B inherited same number of chromosome from their fathers.

d. In normal cases, all reproductive cells that are produced in A has same composition of chromosomes.

① a, b, c   ② a, b, d   ③ a, c, d   ④ b, c, d   ⑤ a, b, c, d

rest in biology

Cell의 생과 사

• Cell senescence(세포 노화)의 비밀, telomere(텔로미어)

Telomere란 cell의 chromosome 끝 부분의 gene 조각을 말한다. Telo는 '멀다'는 뜻이고 mere는 gene인 'DNA'를 뜻한다.

Cell은 끊임없이 division을 하면서 새로운 cell을 만드는데, 이때 nucleus 속 23쌍의 chromosome은 2배로 reproduce(복제)되어 나뉜다. 그런데 cell division이 일어날 때마다 telomere가 조금씩 짧아지는데 어느 정도 이하로 짧아지면 cell은 더 이상 division을 하지 못하고 life-span(수명)이 다하여 senescence(노화)가 진행된다.

• Blood(혈액)나 urine(소변) 한 방울로 aging(노화)의 정도를 알 수 있다

누구나 young(젊다)하고 healthy한 body(신체)를 유지하면서 오래 살고 싶어 한다. 그래서인지 몇 년 전부터 antiaging(노화 방지) 관련 제품들이 selling like hot cakes(불티나게 팔리다)하고 있다.

Antiaging을 하려면 현재 정확한 자기의 aging 정도를 알아야 하는데 지금까지는 막연히 skin(피부)이나 hair(모발)의 상태를 통해 추정할 뿐이었다.

이에 영남대 단백질센서연구소는 body의 aging 정도를 blood나 urine 한 방울로 간단히 파악할 수 있는 진단 키트를 develop(개발)했다. 이 키트는 동전 세 개를 연결한 크기로 가정이나 병원에서 손쉽게 aging 정도뿐만 아니라 diabetes(당뇨병), arteriosclerosis(동맥경화)와 같은 adult disease(성인병)의 위험도까지 진단할 수 있다.

HDL(고밀도지단백질)은 blood 내에서 cholesterol(콜레스테롤)과 결합해 cholesterol이 body의 밖으로 배출되도록 돕는데 aging이 진행될수록 protein의 일부분이 끊어지거나 부서지는 principle(원리)을 use(이용)하여 진단한다.

키트에 a little blood(소량의 혈액)를 떨어뜨린 다음 electricity(전기)를 흘리면 30분 뒤 임신 진단기처럼 키트에 protein 밴드가 나타나는데 밴드의 distance of movement(이동 거리)와 shape를 가지고 aging의 정도를 파악할 수 있다.

Research team(연구진)은 노화된 protein을 키트 위에 올려 놓으면 protein의 부스러기가 electricity를 따라 움직여 distance of movement가 일정하지 않고 밴드의 모양이 distorted(일그러지다)하여 나타나는 것을 발견했다.

반면에 the youth(젊은 사람)의 protein은 형태가 온전하고 electricity를 흘려도 잘 움직이지 않아 distance of movement가 짧고 밴드의 shape가 clearly(선명)하게 나타났다.

Cell cycle의 abnormality(이상)

인체 cell의 대부분은 division을 하지 않고 cell cycle이 멈춰 있다. 이 cell들은 cell cycle의 S기 시작 전인 G_1기의 어느 지점에서 특수화된 resting stage(휴지기)로 들어가는데 이 시기를 G_0기라고 한다.

정상 cell은 cell의 종류와 division의 환경, cell의 growth 상태나 DNA의 damage(손상)와 reproduce의 상태 등에 따라 division의 여부가 결정된다.

Nerve cell(신경세포)과 muscle cell(근육세포)처럼 완전히 differentiated(분화)된 cell은 G_0기에 머무르며 더 이상 division을 하지 않는다. 하지

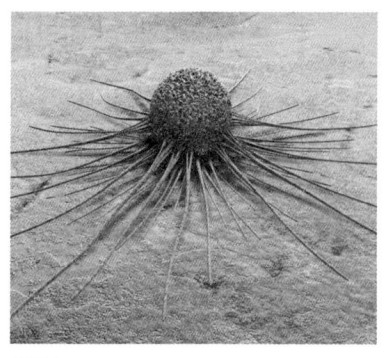
암세포

만 발생 단계에 있는 cell이나 interstitial cell(간세포)처럼 재생 가능한 cell은 G_0기에서 다시 정상 cell cycle로 돌아와 division을 하기도 한다.

그런데 cell cycle의 조절 기능에 이상이 생기는 경우가 있는데 그것이 바로 cancer cell(암세포)이다.

Cancer cell은 정상 cell과는 다르게 특정한 cell로 differentited되지 않는다. 뿐만 아니라 persistently(지속적으로)하게 division을 하고 주변 cell과 접촉하더라도 proliferation(증식)을 멈추지 않는다. 그 결과 tumor(종양)를 형성하고 malignant tumor(악성 종양)는 blood나 lymph(림프)를 타고 온몸을 돌아다니며 다른 organ(기관)에도 tumor가 생기게 한다. 이것이 cancer의 metastasis(전이)다.

Metastasis가 된 cancer cell은 주변 cell과 조화를 이루지 못하고 without any restriction(무제한)으로 자라면서 nutrient(영양분)를 빼앗는다. Nutrient를 빼앗긴 organ은 손상되고 결국 living organism이 사망에 이를 수도 있다.

Cancer cell은 cell cycle을 조절하는 신호를 무시하여 나타나므로 많은 cancer cell에서는 cell cycle을 조절하는 gene의 abnormality가 발견된다.

Chromosome 연구의 감초, drosophila(초파리)

Drosophila는 농가에서 yeast(누룩)로 식초를 만들 때 모여드는 성질 때문에 drosophila라고 불린다. 과일이 썩은 곳에도 잘 모여 fruit fly(과일파리)라고도 불린다.

Drosophila가 chromosome의 연구에 자주 사용되는 이유는 한 generation(세대)이 12일 정도로 매우 짧고 culture(배양)가 쉽기 때문이다. 또 한 쌍이 mating(교배)을 하여 약 500개의 알을 낳으므로 자손의 수가 많다. Mutation(돌연변이)이 빈번하게 발생하고 sex chromosome(성염색체)이 사람과 마찬가지로 XY형이며

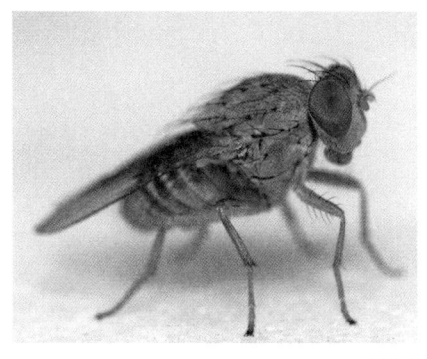

초파리

chromosome 수가 8개로 적기 때문에 chromosome map(염색체 지도)을 작성하기도 쉽다.

Drosophila larva(초파리 유충)의 salivary gland(침샘)에는 보통의 chromosome보다 훨씬 큰 salivary chromosome(침샘염색체)이 있다.

Salivary chromosome은 drosophila larva의 salivary gland에 있는 nucleus에서 볼 수 있는 chromosome이다. Cell이 interphase에 들어서면서 더 이상 nucleus division을 하지 않고 DNA replication만 반복하여 보통 chromosome의 100~200배 이상 커진 상태이기 때문에 giant chromosome이라고 하며 optical microscope(광학현미경)으로도 쉽게 관찰된다.

Salivary chromosome에는 chromosome이 2개씩 쌍으로 붙어 있어 그 수는 somatic cell의 chromosome 수의 반이며 basic colors(염기성 색소)로 염색하면 bars(가로무늬)가 선명하게 보인다.

Thomas Morgan(토머스 모건, 1866~1945)은 drosophila를 연구하다가 drosophila larva의 salivary chromosome에 염색된 bars가 무수히 많으며 시기별로 chromosome의 특정 부위에 puff(퍼프)가 부풀어 오른다는 사실을 발견하였다.

그는 drosophila의 salivary chromosome은 homologous chromosome이 붙은 채로 replication만을 거듭하여 일반적인 chromosome의 100배 이상으로 커진 것이기 때문에 염색된 bars는 gene이 위치

한 곳이고 puff는 chromosome의 응축이 일제히 풀려 특정 gene이 발현되는 부위라고 주장하였다.

Morgan에 따르면 salivary chromosome의 puff는 특정 gene이 발현되는 부위고 allelomorph는 chromosome의 in the same location(같은 위치)에 in the same order(같은 순서)로 arrange(배열)되어 있다고 한다.

7

Organism's Genetic Traits and Heredity
생물의 유전적 특성과 유전

자식은 부모를 닮는다고 한다. 실제로 우리의 external appearance (생김새)나 behavior(행동 양식)는 부모를 많이 닮아 있다. External appearance뿐만 아니라 intelligence(지능)나 physical constitution(체질), 어떤 경우에는 disease(질병)까지도 물려받는다. 그러나 같은 부모로부터 태어난 자식들에게는 닮은 점도 많지만 다른 점도 많다. Twins(쌍둥이)라 해도 똑같지 않고 형제자매간에도 genetic difference(유전적 차이)가 있다. 이러한 현상은 왜 생기는 걸까?

basic concept

부모의 특성이 자식에게로
Heredity

Gregor Mendel(그레고르 멘델, 1822~1884)이 genetics(유전학)의 기초를 마련했고, 1900년대에 Thomas Morgan(토머스 모건) 등이 Mendel's law(멘델의 법칙)를 재발견하면서 genetics가 본격적으로 연구됐다.

Mendel은 pea(완두콩)로 genetics를 연구했다. 그가 pea를 연구 재료로 사용한 이유는 구하거나 재배하기 쉽고 뚜렷하게 구별되는 allelomorphic character(대립형질)를 가지고 있기 때문이다. 뿐만 아니라 한 generation(세대)이 짧고 한 번의 hybridization(교잡, 잡종 형성)을 통하여 많은 offspring(자손)을 얻을 수도 있다. Mendel은 pea experiment(완두콩 실험)를 통해 dominant(우성), recessive(열성), purebred(순종), gene(유전자), character(형질)라는 용어를 정리하기도 했다.

하지만 모든 heredity(유전)가 laws of Mendelian inheritance(멘델의 유전 법칙)를 따르는 것은 아니다. 분꽃의 색깔은 Mendel의 law of dominance(우열의 법칙)와는 다르게 inherit(유전)된다. 흰색 분꽃과 붉은색 분꽃을 mix the genes(교배)하면 중간색인 분홍색 분꽃이 나온다.

혈액형과 분꽃 색깔은 모두 allelomorphic character의 gene(유전자) 사이에 우열 관계가 불완전하기 때문에 hybrid(잡종)일 경우 law of dominance를 따르지 않고 어버이의 중간형질을 나타내는 intermediary inheritance(중간유전)이지만 혈액형의 경우는 multiple allele(복대립 유전자)이다.

Multiple allele이란 allele(대립유전자)이 3개 이상인 monogenic inheritance(일유전자유전, 단일인자유전)의 경우를 일컬으며 대표적인 예로 ABO식 혈액형이 있다.

분꽃 색깔의 heredity는 allele이 2개만 존재하고 dominant와 recessive의 구별이 명확하지 않은 intermediary inheritance다. 키와 같은 multifactorial inheritance(다인자유전)는 환경의 영향도 받기 때문에 identical twins(일란성 쌍둥이)라 하더라도 각자 다른 환경에서 성장하면 다를 수 있다.

Hemophilia(혈우병)는 heredity disease(유전병) 중 하나로 유럽의 왕족 집안에서 나타났다. 이는 carrier(보인자)인 부모에게서는 나타나지 않던 phenotype(표현형)가 offspring에게서 나타나는 recessive inheritance(열성유전형질)의 특징을 보인다.

Hemophilia의 환자는 모두 남성인데 이것은 hemophilia가 sex-linked inheritance(반성유전)임을 뒷받침하는 증거다. 즉 남성은 X chromosome(X염색체)을 하나만 갖고 있기 때문에 여성보다 recessive character의 phenotype를 가지는 비율이 더 높다.

Chromosome(염색체)의 이상에 의한 hereditary disease는 amniotic fluid test(양수 검사)나 chorion test(융모막 검사)를 통해 미리 알 수 있다. Amniotic fluid test는 amniotic fluid에 들어 있는 fetus(태아)의 somatic cell(체세포)의 karyotype(핵형)를 분석하고, chorion test는 chorion papillae(융모막 돌기)의 tissue(조직)에 있는 fetus의 somatic cell의 karyotype를 분석한다. Chorion test는 임산부의 vagina(질)를 통해 가느다란 튜브를 삽입하여 placenta(태반)의 chorion에서 어린 placenta의 tissue의 일부를 채취한 후 biochemical test(생화학적 검사)나 karyotype의 분석을 통해 진단한다.

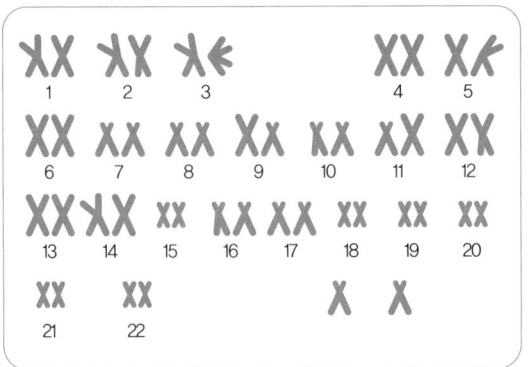

인간의 염색체 핵형

   Karyotype는 한 living organism이 가지는 chromosome의 수나 모양, 크기 등을 말하는데 karyotype의 분석을 통해서 Down's syndrome(다운증후군), Edward's syndrome(에드워드증후군), Turner's syndrome(터너증후군), Klinefelter's syndrome(클라인펠터증후군)과 같은 chromosome 수의 이상이나 cri-du-chat syndrome(고양이울음증후군)과 같은 chromosome의 구조 이상을 진단할 수 있을 뿐만 아니라 fetus의 성별도 알아낼 수 있다. 따라서 fetus의 somatic cell의 karyotype 분석을 통해서는 chromosome의 수나 구조의 이상을 진단하고 biochemical test를 통해서는 inborn metabolism errors(선천적 대사 이상)와 같은 gene의 이상을 진단한다.

   사람은 부모로부터 각각 23개의 chromosome을 물려받는다. Gene은 chromosome 위에 있으므로 chromosome이 전달될 때 gene도 동시에 전달되며 이를 통해 genetic combination(유전자 조합)의 variation(변형)이 가능하다. Gene의 수는 chromosome의 수에 비해 훨씬 많으므로 한 개의 chromosome 위에 여러 개의 gene이 함께 존재하는데 이를 linkage(연관)라고 한다.

   Sex chromosome(성염색체) 위에는 sex(성별)뿐만 아니라 다른 character의 결정에 관여하는 gene도 존재한다. 그런데 남녀의 sex chromosome은 다르므로 sex chromosome에 의한 heredity는 성별에 따라 특정 character의 출현 빈도가 달라진다.

 Hereditary disease는 recessive인 경우가 많고 또 근친일수록 같은 recessive hereditary disease(열성유전병)의 gene을 갖고 있을 가능성이 높다. 따라서 근친 결혼을 하면 동일한 recessive gene(열성유전자)을 보유한 사람들끼리 결혼하는 경우가 많아지고 그 결과 그들 사이에서 태어난 off-spring이 autosomal recessive inherited disease(상염색체성 열성유전병)에 걸릴 가능성도 높아진다.

reading biology

인간은 축복을 받아 생명을 창조할 수 있는 귀중한 선물을 갖게 되었다. 개는 강아지를 낳고, 해바라기는 씨앗을 만들고, 인간은 아기를 낳는다. 또 다른 천명은 인간은 그들의 아버지와 어머니 또는 아버지나 어머니의 특질을 띤다(take on)는 것이다. 종종 "사과는 나무에서 멀리 떨어지지 않는다(아이는 부모를 닮는다)"라는 속담을 듣는 이유가 바로 이 때문이다. 왜냐하면 우리는 부모를 닮고 종종 성격적 특성뿐만 아니라 그들과 비슷한 신체적 특징을 갖기 때문이다.

유전: 한 세대에서 다음 세대로 특성이 전달되는 것

대부분의 경우 형제자매는 서로 다르다. 그들이 부모와 다소 다른 것과 똑같이(equally likely) 말이다. 물려받은 닮은 점(inherited similarities) 때문에 보통 형제자매들은 비슷하고 서로 잘 지낸다(get along with each other). 하지만 또한 형제자매 사이에도 서로의 모조품이 되지 않도록 하는 유전적 변이라는 것이 있다. 20세기가 되어서야 과학자들은 "우리를 다른 사람과 비슷하게 하는 것은 무엇인가?"나 "왜 우리는 서로 다른가?"와 같은 불가능한 것으로 여겼던 문제들을 탐구하기(delve into) 시작했다. 결국 유전과 유전적 변이 연구, 유전학 연구를 통해 우리는 진전하기(make headway) 시작했다.

유전자의 상속: 부모로부터의 유전자 취득

부모들은 아이들에게 유전자를 주는데 이것은 기본적으로 부호화된 유전 단위다. 이들은 우리를 우리의 부모와 비슷하게 만드는 특성이고 우리를 그들과 유전적으로 결합시킨다. 이러한 특성들은 눈 색깔, 모색, 피부색 등의 형태로 나타난다. 우리가 누구인지를 구성하는 이 코드는 우리의 DNA로

Humans have been blessed with the precious gift of being able to create life. Dogs produce puppies; sunflowers produce seeds while humans give birth to babies. Another decree is that humans take on the characteristics of their father and/or mother. This is why one might often here the saying, "the apple doesn't far from the tree" because we resemble our parents and often have similar physical features as well as personality traits as them.

Heredity: The transmission of traits from one generation to the next

Most of the time siblings are different from each other, equally likely is the event that they are somewhat different from their parents. Because of inherited similarities siblings are usually alike and get along with each other, however there is also genetic variation which says that no one is an identical copy of another person. It wasn't until the 20th century that scientists delved into the once thought to be impossible questions like "What causes us to be similar to another?" or "Why do we vary from one another?" Finally through the study of hereditary and heredity variance or the study of genetics, did we start to make headway.

쓰여져 있고 이 DNA는 네 개의 다른 뉴클레오티드의 중합체로 이루어져 있다. 쓰여진(written) 정보가 글자나 단어의 형태로 전달되듯이 DNA는 각 유전자의 특정한 DNA 뉴클레오티드 서열의 형태로 부모로부터 우리에게 전달된다. 여러분의 신체가 작동하는 방식은 세포가 유전자를 푸른 눈이나 검은 머리 같은 유전형질과 특징으로 변환하는 것이다. 이것은 사람의 두뇌가 한 페이지에 있는 말을 심상(mental image)으로 옮기는 방법과 유사하다.

분자 수준의 원리

유전적 특성의 전달은 부모로부터 자손들에게 전달되는 유전자의 복제품을 생산하는 DNA의 정확한 재생에 그 분자 수준의 원리를 갖고 있다. 식물과 동물의 유전자를 한 세대에서 다음 세대로 전달하는 도구를 생식세포라고 한다. 이 생식세포는 남성에게는 정자, 여성에게는 난자의 형태로 나타난다. 이 두 세포가 결합하여 각각의 유전자를 자손에게 전달한다.

진핵세포 DNA는 핵 안 염색체 속에 싸여 있고 모든 종은 특정한 수의 염색체를 갖고 있다. 인간의 모든 체세포는 46개의 염색체를 갖고 이 염색체들은 하나의 긴 DNA 분자로 이루어져 있다. 하나의 염색체에는 몇백 개에서 몇천 개의 유전자가 들어 있고 각 유전자는 DNA 분자 내의 특정한 뉴클레오티드 서열이다. 이 유전자는 염색체를 따라 위치한다.

- 무성생식 대 유성생식

1 무성생식: 유전자 복제는 생물이 무성생식 방식으로 복제될 때만 나타난다. 무성생식은 단 한 명이 부모고 모든 복제 유전자를 생식세포의 융합 없이 자손들에게 전달하지만 유성생식에서는 두 명의 부모가 자신들의 유전자를 공동으로(jointly) 자손에게 전달한다는 점에서 무성생식과는 다르다. 무성생식의 한 대표적인 예는 단세포 생물이 유사 세포 분열에 의해 재생될 때다. 이 과정이 진행되는 동안 DNA가 복제되고 두

Inheritance of genes: The acquiring of genes from parents

Parents give their children genes, which are basically coded hereditary units. These give us traits that make us similar to our parents and are our genetic bond back to them. These traits come in the form of eye color, hair color, skin color etc. The code that makes up who we are is written in our DNA and this DNA is comprised of the polymer of four different nucleotides. Just like written information is communicated in the form of letters and words, DNA is passed on to us, from our parents, in the form of each gene's specific sequence of DNA nucleotides. The way your body works is cells translate genes into genetic traits and features such as blue eyes or black hair. This is similar to how one's brain translates words on a page into a mental image.

The molecular basis

The transmission of hereditary traits has its molecular basis in the exact reproduction of DNA, which produces copies of genes that may be passed from parents to descendants. In plants and animals the instrument that transmit genes from one generation to the next are called gametes. The gametes come in the form of a sperm cell from the male and an egg cell from the female. These two cells unite and thus pass one genes to the offspring that is created.

The DNA of a eukaryotic cell is packaged into chromosomes within the nucleus and every species has a certain number of chromosomes. All somatic cells of a human have 46 chromosomes

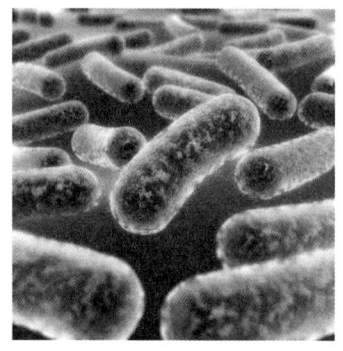

돌연변이가 된 박테리아

딸세포에 상응하여 분배된다. 이 과정은 부모 게놈과 동일한 복제물인 게놈을 만든다. 무성생식으로 재생되는 한 개인은 기본적으로 자신의 복제물을 제조하는 것이다. 그림에 보이는 돌연변이가 된 박테리아의 경우처럼 돌연변이가 발생한 경우만이 이 자손이 유전적으로 부모와 같지 않을 유일한 방법이다.

2 유성생식: 지금까지 이미 논의된 것처럼(just like) 유성생식에서는 두 명의 부모가 자식을 만드는데, 자식은 물려받은 특질이 독특하게 조합된 것이다. 자식은 그들의 형제자매는 물론이고 부모와도 크게 다를 수 있다. 일부 유사점들은 정확할지도 모르지만 대체로(overall) 이들은 다르며 무성생식으로 만들어진 것처럼 정확한 복제물(replicas)은 아니다. 유전적 다양성은 유성생식의 결과고 이것을 일으키는 원인의 답은 성생활 주기 동안(during)의 염색체의 행동에서 찾을 수 있다.

유전적 다양성

유전자는 대립형질이라는 다른 이름으로 불리고 이들은 기본적으로 한 생물의 DNA에서의 변화나 돌연변이일 뿐이다. 유성생식을 하는 동안 대립유전자들의 뒤섞기 과정에서 발생한 차이는 각 사람이 특징적인 성질을 갖도록 변이를 유도한다.

각 세대에서 수정(fertilization)과 감수분열을 하는 동안의 염색체 행동이 대다수의 세대 간에 차이를 유발하는 이유다. 유전적 다양성을 일으키는 세 가지 주요인이 있는데 염색체의 교차, 무작위 수정 그리고 염색체의 독립 유전이 그것이다.

and these chromosomes consist of a single long DNA molecule. One chromosome contains several hundred to a few thousand genes, each of which is a specific sequence of nucleotides within the DNA molecule. The gene's locus is its location along the length of a chromosome.

- Asexual versus sexual reproduction

1 Asexual reproduction: Genetic copies only appear when organisms reproduce by asexual means. Asexual reproduction differs from sexual reproduction in that a single individual is the sole parent and passes copies of all its genes to its offspring without the fusion of gametes, while in sexual reproduction there are two parents that pass their genes jointly to offspring. One prime example of asexual reproduction is when single-celled organisms reproduce by mitotic cell division, during this procedure DNA is copied and distributed correspondingly to two daughter cells. This process produces genomes that are exact copies of the parent's genome. An individual that reproduces asexually is basically manufacturing a clone of itself. The only possible way that the offspring is not genetically identical to the parent is if there is some sort of mutation involved, like in that of the mutated bacteria seen in figure.
2 Sexual reproduction: Just like what already has been talked about so far, in sexual reproduction two parents create an offspring that has unique combinations of traits that have been inherited. Offspring can vary greatly from their parents as well as their siblings. Some similarities may exact but overall

- 염색체의 독립유전

감수분열 중기에 상동염색체 쌍의 무작위적인 정위(orientation)가 있다. 각 쌍은 모계 염색체 하나와 부계 염색체 하나로 구성되어 있다. 각 쌍이 모계나 부계 염색체 쪽을 더 지향할 가능성은 50퍼센트다. 염색체들의 각 쌍은 다른 쌍과 관계없이(independently of the other pairs) 위치하고 각 쌍은 다른 모든 쌍과 관계없이 스스로 분류된다. 이 결과 염색체가 독립유전된다. 조합 가능한 딸세포의 수는 첫 번째 쌍의 두 잠재적인 배열과 두 번째 쌍의 두 개를 곱한 것으로 4다.

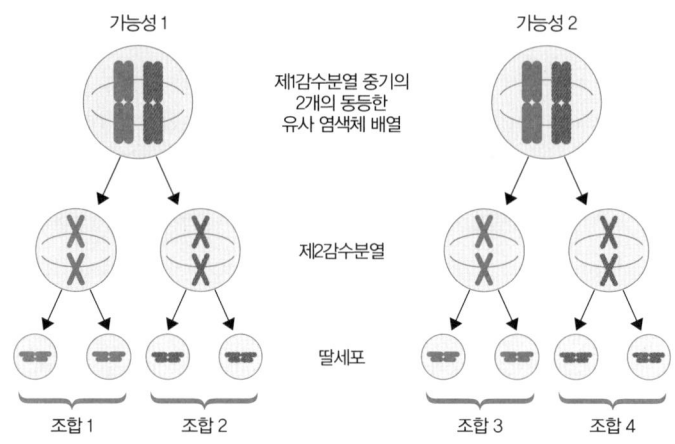

조합 가능한 딸세포의 수

- 교차

감수분열을 하는 동안 독립유전되는 염색체를 받는다는 사실 때문에 (Due to) 우리는 각각 부모와 다른 생식세포를 갖고 있다. 교차는 아버지와 어머니의 대립유전자의 새로운 조합을 소유한 염색체를 만든다. 이것은 교차를 통해 재조합 염색체를 만들 때 이루어진다. 이 과정은 상동 기관의 각 유전자가 상응하는 다른 유전자와 정확하게(precisely) 정렬될 때 시작한다. 그런

they are different and not exact replicas, like those that are produced by asexual means. Genetic variation is the result of sexual reproduction and the answer of what causes this lies in the behavior of chromosomes during the sexual life cycle.

Genetic variation

Different versions of genes are called alleles and these are basically just a change or mutation in an organism's DNA. When differences happen to come about reshuffling of the alleles during sexual reproduction produces the variation that leads to people having a unique mixture of qualities.

In each generation, the behavior of chromosomes during fertilization and meiosis is the reason for most of the differences between generations. There are three main factors that lead to genetic variation and they are crossing over, random fertilization and an independent assortment of chromosomes.

- Independent assortment of chromosomes

At metaphase of meiosis there is a random orientation of pairs of homologous chromosomes. Each pair consists of one maternal and one paternal chromosome. There is a 50% chance that each pair may orient closer with its maternal or paternal chromosome. Each pair of chromosomes is positioned independently of the other pairs and so each pair sorts itself independently of every other pair. This results in an independent assortment of chromosomes. The number of combinations possible daughter cells is four: two

염색체 교차
Chromosomal crossingover

다음 DNA는 정확히 상응하는 지점에서 특정한 단백질에 의해 쪼개진다. 이 단계 동안 교차 지점(crossover points)의 두 구간은 각각 다른 염색분체와 합쳐진다.

• 무작위 수정

유전적 다양성에 이르는 또 다른 양상은 유성생식 동안의 수정의 무작위성(random nature)이다. 남성이나 여성의 생식세포는 다수의(tons of) 다른 염색체 조합을 만들 가능성이 있다. 예를 들어 남성 생식세포가 여성 생식세포와 조합될 때 하나의 접합체가 생성될 것이고 이는 대략 70조의 이배체 조합을 생산할 수 있다.

potential arrangements for the first pair times two for the second pair.

• Crossing over

Due to the fact that we each receive an independent assortment of chromosomes during meiosis, we each have an assemblage of gametes that differ from both of our parents. Crossing over produces chromosomes with new combinations of paternal and maternal alleles. This is done when crossing over produces recombinant chromosomes. The process starts when each gene on one homolog is aligned precisely with the other corresponding gene. Next the DNA is broken by specific proteins at exact corresponding points. During this phase the two segments beyond the crossover points are each joined to the other chromatid.

• Random fertilization

Another aspect that leads to genetic variation is the random nature of fertilization during sexual reproduction. Each gamete of a human male or female has the possibility to produce tons of different chromosome combinations. For example when a male gamete is combined with a female gamete a zygote will be produced and this can yield roughly 70 trillion possibly diploid combinations.

problem solving

문제1 다음은 어떤 식물을 대상으로 교배 실험을 실시한 결과다. 이에 대한 설명으로 옳은 것을 모두 고르라.

순종의 붉은색 꽃, 황색 씨를 갖는 개체와 순종의 흰색 꽃, 녹색 씨를 갖는 개체를 교배하여 잡종 1대(F1)를 얻은 다음, 이 잡종 1대를 자가 수분하여 잡종 2대(F2)를 얻었다. 잡종 2대에서 나타난 자손의 비율을 조사한 결과는 다음과 같았다.

붉은색 꽃· 황색 씨	분홍색 꽃· 황색 씨	흰색 꽃·황색 씨	붉은색 꽃· 녹색 씨	분홍색 꽃· 녹색 씨	흰색 꽃·녹색 씨
$\frac{3}{16}$	$\frac{6}{16}$	$\frac{3}{16}$	$\frac{1}{16}$	$\frac{2}{16}$	$\frac{1}{16}$

a. F1은 분홍색 꽃, 황색 씨를 갖는 개체다.
b. 꽃 색깔은 붉은색이 흰색에 대해 우성이고 씨 색깔은 황색이 녹색에 대해 우성이다.
c. F1과 흰색 꽃, 녹색 씨를 갖는 개체를 교배하면 표와 같은 6종류의 개체가 나타난다.
d. 꽃 색깔 대립유전자와 씨 색깔 대립유전자는 서로 다른 상동염색체에 존재한다.

① a, b ② b, c ③ a, d ④ b, c ⑤ b, d

Example 1 Following is the result of a fertilization experiment of a plant. Choose all correct answers.

Get first generation (F1) of a cross between pure red flower which has yellow seed and pure white flower which has green seed, then get second generation (F2) of F1 by its self-polination. The proportion of offsprings of F2 is as follows.

Red flower ·Yellow seed	Pink flower ·Yellow seed	White flower ·Yellow seed	Red flower ·Green seed	Red flower ·Green seed	Red flower ·Green seed
$\frac{3}{16}$	$\frac{6}{16}$	$\frac{3}{16}$	$\frac{1}{16}$	$\frac{2}{16}$	$\frac{1}{16}$

a. F1 is individuals that has pink flower and yellow seed.

b. For color of flower, red is dominant to white, and for color of seed, yellow is dominant to green.

c. If F1 is fertilized with an individual which has white flower and green seed, 6 kinds of individuals are produced as shown in the table.

d. Allele of flower color and allele of seed color exist in different homologous chromosome.

① a, b   ② b, c   ③ a, d   ④ b, c   ⑤ b, d

문제2 그림은 철수네 집안의 적록 색맹 유전의 가계도다. 이에 대한 설명으로 옳은 것을 모두 고르라.

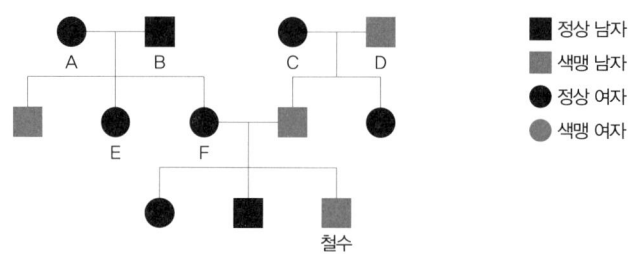

a. 철수의 색맹 유전자는 A~D 중 A로부터 온 것이다.
b. A~F 중 색맹 유전자를 보유하고 있음이 확실한 사람은 2명이다.
c. 철수의 동생이 새로 태어난다면 이 동생이 색맹일 확률은 25퍼센트다.

① a   ② b   ③ a, b   ④ a, c   ⑤ b, c

Example 2 The picture is a genogram of Chulsu's family which shows the heredity of redgreen blindness. Choose all correct answers.

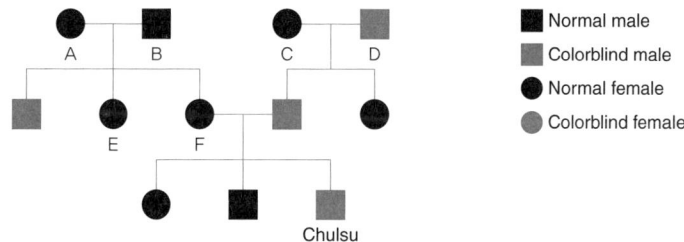

a. Chulsu's gene for color blindness is from A among A~D.
b. There are two persons who are certain to have genes for color blindness among A~F.
c. If Chulsu will have another younger brother, the possibility that he will be a color blind is 25%.

① a ② b ③ a, b ④ a, c ⑤ b, c

문제 3 그림은 피부 얼룩증이 나타난 어느 집안의 가계도다(단, 피부 얼룩증 유전자는 성염색체상에 존재한다). 이에 대한 해석으로 옳지 않은 것은?

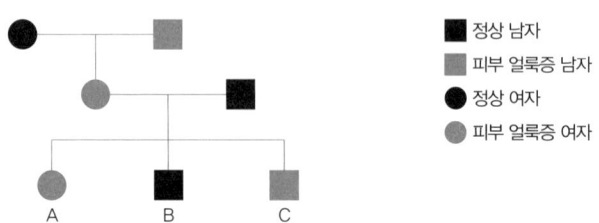

① 피부 얼룩증은 정상에 대해 우성이다.
② 피부 얼룩증 유전자는 X염색체상에 존재한다.
③ A는 정상 유전자와 피부 얼룩증 유전자 모두를 가지고 있다.
④ C가 가지고 있는 피부 얼룩증 유전자는 외할아버지로부터 물려받은 것이다.
⑤ 아버지가 피부 얼룩증이면 딸이 피부 얼룩증일 확률은 50퍼센트다.

➡ 해답 1. ③ 2. ① 3. ⑤

Example 3 The picture is a genogram of a family which has piebaldism(But, the gene for piebaldism exists in sex chromosome). Which is not a correct interpretation?

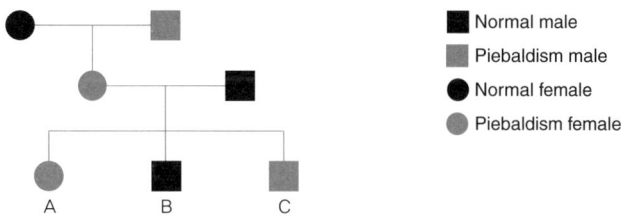

① A piebaldism is dominant to normal.
② The gene for piebaldism exists in X chromosome.
③ A has both normal gene and gene for piebaldism.
④ The gene for piebaldism which C has is inherited from his maternal grandfather.
⑤ If the father has piebaldism, the possibility of his daughter will have piebaldism is 50%.

rest in biology

Genetics의 연구 재료

Genetics의 연구 재료로 자주 이용되는 living organism(생명체)을 model organism(모델 생물)이라고 한다. Genetics의 연구 초기인 19세기 말에 genetics의 재료로 spotlight(각광)를 받았던 model organism은 embryologist(발생학자)들이 이용한 drosophila(초파리)였다.

Drosophila는 한 generation이 약 2주로 짧고 실험실에서 잘 생존하며 거대한 salivary chromosome(침샘염색체)을 가지고 있다. Genetics적으로 조절될 수 있는 많은 phenotype(표현형)를 가지고 있어 눈의 색깔, 털의 수나 형태, wing(날개)의 모양, vein(시맥, 곤충의 날개 표면에 그물처럼 뻗어 있는 분기한 세관 계통)의 형태 등을 조절하는 gene의 mutation(돌연변이) 형태를 쉽게 볼 수 있다.

20세기 중반부터는 bacteria(세균)에 대한 genetics의 연구 기술이 개발되어 colon bacillus(대장균)가 연구의 주재료가 되었다. Colon bacillus는 20분 만에 한 generation을 만들고 미량의 genetic material(유전물질)을 가지고 있어 genetics의 연구를 수행하기에 적합한 model organism이었다.

그 후에는 virus(바이러스), 그중에서도 bacteriophage(박테리오파지)가 연구에 이용되었다. Virus는 단지 몇 종류의 protein molecule(단백질 분자)과 미량의 genetic material로 구성되어 있고 어떤 것은 1시간 만에 수백 배로 replicate(복제)된다. 이 외에도 yeast(효모), Caenorhabditis elegans(예쁜꼬마선충), mouse(생쥐), mouseear cress(애기장대) 등이 연구 재료로 쓰인다.

Human Genome Project(HGP, 인간 게놈 사업)의 미래

Human Genome Project는 인간의 모든 gene을 이루고 있는 32억 쌍

의 DNA sequence(DNA 염기서열)를 파악하여 그 정보를 해석하는 프로젝트로, 1990년에 시작하여 2003년에 complete(완료)되었다.

현재는 32억 쌍의 DNA sequence를 알아냈고 이후 진행될 프로그램이 완성되면 gene의 structure(구조) 외에 function(기능)까지도 완전히 파악할 수 있을 것이다.

이에 더 나아가 genome에 대한 연구도 진행 중인데 genome이란 gene과 chromosome의 합성어로, 한 living organism이 지닌 모든 genetic information(유전 정보)의 집합체를 뜻한다. 인간의 경우 23쌍의 chromosome 중 하나의 genome을 의미하며 부모로부터 offspring에게 전해지는 genetic material의 monomer(단위체)를 뜻한다.

HGP에서 분석 대상으로 한 human genome은 한 인간 개체를 만들기 위해서 필요한 모든 gene과 gene의 바깥 부분을 포함하는 약 32억 개 정도의 모든 DNA sequence를 통틀어 말한다. Human genome은 22개의 autosome(상염색체)과 2개의 sex chromosome(성염색체) X, Y 그리고 mitochondrial DNA(미토콘드리아 DNA)에 나누어져 inherit된다.

HGP의 진행과 이에 따른 연구 성과는 다음과 같은 positive(긍정적)한 side(면)와 negative(부정적)한 side가 뒤따른다.

• Positive side

1 Disease에 대한 correct(정확)한 understanding(이해)과 early diagnosis(조기 진단), 새로운 diagnosis way(진단 방법)의 개발로 더욱 precise(정밀)한 medicine(의약품)의 prescription(처방)이 가능하다.
2 Disease의 source(근원)를 치료하는 새로운 medicine을 개발하고 나아가 gene therapy(유전자 치료법)도 도입할 수 있다.

3 부모의 gene을 test(검사)하여 출생 전에 fetus에게 hereditary disease(유전병)가 있는지 predictable(예측 가능)하다.
4 인간의 생명 현상을 fundamentally(근원적으로)하게 determine(규명)할 수 있다.

• Negative side

1 개인의 genetic information 노출의 risk(위험성)가 increase(증가)한다.
2 개인의 genetic information에 따라 employment(고용)나 insurance(보험료) 책정 등에서 discriminate(차별)받을 가능성이 있다.
3 Educational background discrimination(학력 차별), segregation(인종 차별) 등이 gene의 차별로까지 확대될 수 있다.
4 Genetic information에 관한 지식으로 사람을 원하는 대로 alter(개조)할 우려도 있다. 즉 부모들이 hereditary(유전적으로)하게 월등한 designer baby(맞춤 아기)를 탄생시킬 가능성이 있다.

8

Sustaining Life in Living Organisms: Metabolism
생물의 생명 유지: 물질대사

༆

Mammal(포유동물)에서 circulatory system(순환계)은 크게 세 가지로 구성된다. Fluid(유체)를 내보내는 펌프 역할을 하는 heart(심장), 순환하는 fluid 그리고 fluid의 이동 통로인 vessels(혈관)가 그것이다. Mammal은 이들 circulatory system을 통해 blood(혈액)와 lymph(림프)를 만들어 온몸에 circulation(순환)을 시키며 이러한 circulation을 통해 nutrient(영양소)와 oxygen(산소)을 공급받는다. 이 장치는 ingestion(섭취), digestion(소화), absorption(흡수) 및 excretion(배설)의 질서 정연한 단계로 이루어진다.

basic concept

포유동물에서의
Metabolism

모든 living organism(생물)은 자신의 survival(생존)과 growth(생장)를 위해 필요한 material(물질)을 absorb(흡수)한다. 그런 다음 absorb한 material을 이용해 필요한 material을 합성하거나 분해하여 필요한 energy(에너지)를 얻는다. 이러한 과정에서 생긴 부산물이나 노폐물은 몸 밖으로 배출한다. 이러한 전 과정을 metabolism(물질대사)라고 한다.

Plant(식물)는 태양에너지와 carbon dioxide(이산화탄소) 등을 이용해 starch(녹말)를 만들어 스스로 metabolism을 하며 animal(동물)은 음식물의 ingestion을 통해 얻은 nutrient(영양분)로 metabolism을 한다.

특히 human(인간)을 포함한 mammal(포유동물)은 ingest(섭취)한 음식물의 protein(단백질), fat(지방) 등의 nutrient를 digestion의 작용을 통해 amino acid(아미노산)나 lipid(지질) 등으로 decompose(분해)하고 이를 자신의 몸을 구성하는 성분으로 쓰거나 생명 활동에 필요한 source of energy(에너지원)로 사용한다.

Human을 포함한 mammal은 ingest한 oxygen(산소)과 nutrient를 온몸으로 보내고 cell(세포)에서 만들어진 carbon dioxide와 노폐물을 폐, 신장, 피부 등을 통해 몸 밖으로 배출하면서 metabolism을 한다. 이때 중요한 역할을 하는 blood와 blood가 흐르는 circulatory system에 대해 알아보자.

Blood(혈액)는 red blood cell(적혈구)과 white blood cell(백혈구), blood platelet(혈소판)으로 이루어졌다.

Red blood cell은 oxygen을 운반하고 white blood cell은 phagocytosis(식균 작용)와 immunity(면역) 기능을 담당하며 blood platelet은 blood coagulation(혈액 응고)에 관여한다.

Blood circulation(혈액 순환)은 heart의 주기적인 contraction(수축)과 relaxation(이완)에 의해 이루어지는데 이를 heartbeat(심장 박동)라고 한다. Heartbeat는 medulla oblongata(연수)에 의해 조절된다.

Blood vessel(혈관)은 blood가 흐르는 통로로 특성에 따라 artery(동맥), vein(정맥), capillary(모세혈관)로 나뉘고 blood circulation은 다시 systemic circulation(체순환)과 pulmonary circulation(폐순환)으로 나뉜다.

Systemic circulation은 blood가 heart에서 나와 온몸을 흐르는 과정으로 left ventricle(좌심실)에서 나온 blood가 온몸을 circulate(순환)하며 metabolism을 한 뒤 right atrium(우심방)으로 돌아오게 된다. 따라서 이 blood는 carbon dioxide를 많이 포함한 venous blood(정맥혈)다.

반면 pulmonary circulation은 blood가 heart에서 나와 폐를 흐르는 과정이다. Right ventricle(우심실)에서 나간 blood가 gas exchange(기체 교환)를 한 뒤 left atrium(좌심방)으로 돌아오는 과정으로 이 blood는 oxygen이 풍부한 arterial blood(동맥혈)다.

Vein에도 heartbeat의 힘이 작용하며 vein 주변의 skeletal muscle(골격근)이 contract(수축)하면서 vein을 쥐어짜는 역할을 하여 blood가 heart 쪽으로 이동한다.

Right atrium의 압력이 vein의 압력보다 감소하면 blood가 heart로 빨려 올라간다. 다시 말해 압력이 높은 곳에서 낮은 곳으로 이동하는 원리에 의하여 blood가 heart로 이동하는 것이다.

오늘날 대부분의 living organism은 tissue cell(조직 세포)로 carry(운반)된

nutrient와 oxygen을 이용하여 생활에 필요한 energy를 얻으며 살아간다. Respiratory system(호흡계)은 체내로 oxygen을 absorb하고 absorb한 oxygen을 이용하여 nutrient를 oxidize(산화)하여 energy를 얻는 과정을 담당한다.

Nutrition(영양)이란 living organism이 sustain life(생명 유지)하고 몸을 성장시키는 데 필요한 성분을 ingest하는 작용이다. 그리고 음식물에 포함된 nutrient는 source of energy나 metabolism의 재료와 몸의 구성 성분 등으로 사용된다.

한편 digestion이란 macromolecule(고분자 상태)의 nutrient를 digestive organ(소화 기관)에서 absorption에 용이한 small molecule(저분자 상태)의 nutrient로 decompose하는 과정이다.

밥을 먹으면 밥알의 주성분인 starch가 source of energy로 바로 사용되는 것이 아니다. Digestive organ을 거치면서 최종 분해 상태인 glucose(포도당)로 digest(소화)되어 absorb된 후 energy로 바뀌는 것이다.

Carbohydrate(탄수화물)는 molecular(분자)의 크기가 커서 체내에 바로 absorb될 수 없기 때문에 digestion의 과정을 거쳐 monosaccharide(단당류) 형태로 decompose된 후 absorb된다. Absorb된 glucose를 포함한 monosaccharide는 portal vein(간문맥)을 통해서 liver(간)로 들어가는데 liver는 blood sugar contents(혈당량)를 조절하여 혈중 glucose의 농도를 일정하게 유지한다.

특히 carbohydrate의 metabolism으로 blood sugar contents가 높아지면 glucose를 glycogen(글리코젠)으로 store(저장)하고 blood sugar contents가 낮아지면 반대로 glycogen을 glucose로 decompose하여 blood를 통해 조직으로 공급한다. 여분의 glucose는 fat(지방)으로 바뀌어 피부 밑이나 mesentery(장간막)에 store된다.

Protein은 몇 가지 enzyme(효소)에 의해 amino acid의 형태로 decompose되어 체내에 absorb된다. Amino acid의 결합인 peptide bond(펩타이드)는 dehydration linkage(탈수 결합)이므로 protein이 enzyme으로

decompose되기 위해서는 water(물)가 필요하다.

　Fat는 water에 잘 녹지 않기 때문에 water solubility(수용성)인 digestive enzyme(소화 효소)은 fat의 hydrophilic(친수성) 부분에만 작용한다. 하지만 bile(쓸개즙)은 화학 구조상 water solubility와 fat solubility(지용성)를 모두 가지고 있어 fat와 섞이면서 커다란 fat의 덩어리를 작은 fat의 덩어리로 decompose한다. 이로 인해 lipase(리파아제)가 작용할 수 있는 surface area(표면적)가 넓어지므로 fat의 digestion이 쉽게 일어난다. 그러나 bile이 digestive enzyme은 아니다.

　Small intestine(소장)에서의 absorption 중 일부는 simple diffusion(단순 확산)과 facilitated diffusion(촉진 확산)에 의해 이루어지고 the rest(나머지)는 active transport(능동 수송)에 의해서 이루어진다.

　Glucose와 amino acid는 active transport에 의해 absorb되고 이들 물질의 active transport는 sodium(나트륨)의 active transport와 결합된다. Fructose(과당)는 facilitated diffusion에 의해 absorb된다.

reading biology

순환: 심장의 구동

순환은 대사 과정을 통해 심장에 의해 작동된다. 그것이 작동하는 방식은 대사 에너지가 순환하는 유체의 유체 정압을 높이는 것이다. 이 유체는 혈관을 흐르다가 최종적으로 심장에 돌아온다. 순환계는 신체 세포와 폐기물을 흡수하고 기체를 교환하는 중요 기관들 간의 매체로(as a medium) 기능한다.

포유동물에서의 순환: 혈액 내 산소

포유동물에게 흡입된 공기는 폐에 있는 세포의 두 층에 확산된 후 혈류에 도달한다. 순환계는 이어서 산소가 풍부한 혈액을 신체의 전 부분(portions)에 운반한다. 혈액에 있는 산소는 짧은 거리에만 확산된 후 세포들을 직접적으로 감싸고 도는 유체로 들어가는데 이는 혈류가 미세한 혈관 내의 체조직(body tissues)으로 흐를 때 행해진다.

• 개방형 및 폐쇄형 순환계

개방형 순환계는 절지동물에서 발견된다. 이런 유형의 순환계는 기관을 직접적으로 감싸고 돈다. 신체 세포들을 적셔주는 조직액은 정확히 동일한 순환 유체로 개방형 순환계 동물들에 의해 사용된다. 서로 연결된(Interconnected) 공동은 순환 혈관을 통해 혈림프를 그 속에 유입한다(pump into). 공동 내에서 화학 교환이 일어난다. 심장이 이완될 때 혈림프는 작은 구멍으로 돌아간다(back into). 심장이 수축될 때 이와 같은 밸브는 닫힌다. 순환은 신체의 움직임에 도움을 받는다. 왜냐하면 공동이 산발적으로 압착되어 혈액림프가 분배되기 때문이다. 개방형 시스템은 에너지 소비가 적기 때문에 폐

Circulation: Heart powered

Circulation is powered by the heart through a metabolic process. The way it works is a metabolic energy elevates the hydrostatic pressure of the circulatory fluid. This fluid then flows through blood vessels and finally back to the heart. The circulatory system acts as a medium between the cells of the body and vital organs that absorb wastes and exchange gases.

Circulation in mammals: O_2 in the blood

Inhaled air from mammals diffuses across only two layers of cells in the lungs before reaching the bloodstream. The circulatory system subsequently carries the oxygen rich blood to all portions of the body. Oxygen in the blood diffuses only a short distance before entering the fluid that directly bathes the cells, this is done as the blood streams through the body tissues inside of miniscule vessels.

- Open and closed systems

Open circulatory systems are seen in arthropods. This type of system bathes the organs directly. The interstitial fluid that bathes body cells is the same exact circulatory fluid used by open circulatory animals. Interconnected sinuses get hemolymph pumped into them through circulatory vessels. Inside the sinuses

쇄형 순환계보다 덜 소모적이다.

폐쇄형 순환계는 우리에게 더 잘 알려져 있다. 왜냐하면 그것은 혈액 사용과 연관됐기(involve) 때문이다. 혈액은 혈관을 통해 순환되고 간질액(interstitial fluid)과는 다른 별개의 독립체다. 적어도(At least) 하나의 심장이 더 작은 것으로 세분되는 혈관을 통해 혈액을 기관으로 보낸다. 혈액과 간질액은 화학 교환이 일어나는 곳이다. 또한 화학 교환은 간질액과 체세포 간에도 일어난다. 폐쇄계는 다른 기관에의 혈액 분배를 조절하는 데 적합하다.

척추동물의 순환계: 심혈관계

인간을 비롯한 다른 척추동물종들은 심혈관계라고 하는 폐쇄계를 갖고 있다. 혈관은 혈액이 심장에서 이동하도록 돕고 인체에 거대한 망상(vast network) 조직을 형성한다. 세 가지 유형의 주요 혈관이 있는데 동맥, 정맥 및 모세혈관이 포함된다. 혈액은 각 혈관 유형 내에서 한 방향으로만 흐른다. 예를 들어 동맥의 혈액은 심장을 떠나 온몸에 퍼져 있는 중요 기관들로 들어간다. 기관 내에는 소동맥이 존재하며 이는 혈액을 모세혈관으로 가져오기 위한 작은 혈관이다. 모세혈관은 매우 작은 세포벽이 있는 작은 혈관이다. 모세혈관상은 모든 조직 안에 있고 모든 체내 세포 근처를 지나간다.

소정맥은 정맥으로 모이고 이들이 혈액을 심장으로 다시 운반한다. 심장 내에는 혈액을 받는 심방이라는 방이 있고 혈액을 심장에서 내보내는 것은 심실의 책임이다.

- 두 가지 유형의 순환

1 단일 순환: 이러한 유형의 순환에서 심장은 두 개의 방, 즉 심방과 심실로 구성되어 있다. 완벽한 혈액 순환에서 혈액은 단 한 번만(only once) 심장을 지난다. 먼저 혈액은 심방으로 들어갔다가 심실로 넘어간다. 심실이 수축된 후 혈액이 내보내지는데 물고기의 경우에는 아가미로 간다. 기체

there is a chemical exchange that occurs. Hemolymph is drawn back into the pores when the heart relaxes. These same valves close when the heart contracts. Circulation is helped by body movements because the sinuses are sporadically squeezed and hemolymph is distributed. Open systems are less costly than closed circulatory systems because they require less energy expenditure.

Closed circulatory systems are more well known to us because it involves the use of blood. Blood is circulated through vessels and is a separate entity from interstitial fluid. At least one heart pumps blood into vessels that divide off into smaller ones and then enter organs. The blood and interstitial fluid is where chemical exchange occurs. Additionally it occurs between interstitial fluid and cells of the body. Closed systems are suitable to regulating the distribution of blood to different organs.

Circulatory system in vertebrates: Cardiovascular system

Humans and other species with vertebrates have a closed system that is referred to as a cardiovascular system. Blood vessels help funnel blood from the heart and form a vast network throughout the human body. There are three main types of blood vessels that include arteries, veins and capillaries. Blood flows in only one direction within each type of vessel. For example in arteries blood flows away from the heart and to vital organs spread throughout the body. Inside of organs you have arterioles, which are small blood vessels designed to bring blood to the capillaries. Capillaries

교환이 발생하는 곳도 여기다. 예를 들어 산소가 흡수되는 동안 이산화탄소는 방출된다. 산소가 풍부한(rich) 이 새로운 혈액은 모세혈관을 통해 몸 전체로 내보내졌다가 심장으로 다시 돌아간다. 이 혈액 순환 회로의 완성은 기체 교환 회로라고 불린다.

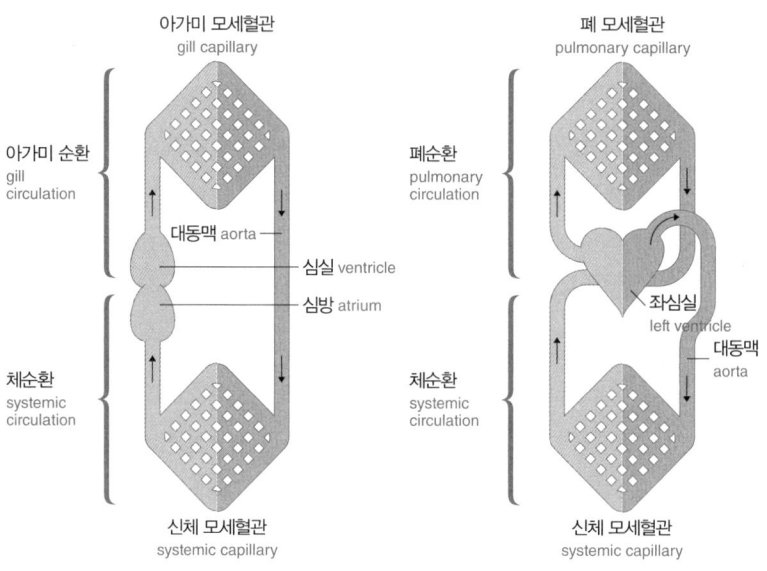

단일 순환과 이중 순환

2 이중 순환: 이중 순환은 두 개의 펌프가 하나의 단일 기관인 심장으로 결합된다(are combined into)는 점에서 단일 순환과는 다르다(differs from single circulation). 심장의 오른쪽은 혈액을 모세혈관상으로 운반하여 산소 기체가 혈액으로, 이산화탄소가 혈액 밖으로 교환될 수 있게 해준다. 산소가 풍부한 새로운 혈액은 심장의 왼쪽으로 보내졌다가 이후에는 몸 전체에 있는 기관과 조직으로 공급된다. 영양소는 물론이고 기체 교환 이후 혈액이 심장으로 돌아와 조직적인 혈액 순환 회로를 완성한다. 이중 순환의 이점은 엄밀한 양의 혈류(severe flow of blood)가 뇌와 다른 중요한 인간의 기관에 보내진다는 것이다.

are tiny vessels that contain very small cell walls. Capillary beds are inside of every tissue and pass close to every cell in the body.

Venules converge into veins and these are what carry blood back to the heart. Inside the heart there are chambers called atria that receive blood, while ventricles are responsible for sending blood out of the heart.

- Two types of circulation

1. Single circulation: In this type of circulation the heart consists of two chambers the atrium and ventricle. In a complete circuit blood passes through the heart only once. First blood goes into the atrium before it is passed to the ventricle. After the ventricle contracts blood is pumped, in the case of fish, to the gills. The exchange of gases takes place here. For example CO_2 is released while O_2 is taken in. This new oxygen rich blood is sent throughout the body via capillaries before returning back to the heart. The completion of this circuit is called the gas exchange circuit.

2. Double circulation: Double circulation differs from single circulation in that two pumps are combined into one single organ, the heart. The right side of the heart delivers blood to capillary beds so that there can be an exchange of O_2 gas into the blood and CO_2 out of the blood. The new oxygen rich blood is sent to the left side of the heart and then subsequently pumped into organs and tissues throughout the body. After the exchange of gases as well as nutrients the blood returns to the heart, thus completing the systematic

소화에 대한 간단한 개요 음식 가공의 단계

소화의 첫 단계는 섭취로, 단순히 음식 섭취의 단계다. 두 번째 단계는 소화고 이 단계에서 음식은 몸에 흡수되도록 작게 분해된다(is broken down into bits small). 음식이 가공 처리된 후 우리는 다음의 두 단계에 이른다. 세 번째 단계는 흡수인데 이 단계에서는 동물의 세포들이 설탕과 아미노산의 형태인 작은 분자들을 흡수한다. 마지막 단계에서는 원치도 소화되지도 않는 물질이 소화기 계통을 통해 몸에서 배출된다(out of the digestive system). 이 마지막 단계는 폐기물(waste material)이 몸에서 배출되기 때문에 배설이라는 걸맞는 이름이 붙여진다.

섭취는 상당히 기본적인 개념이기 때문에 각 종이 음식을 섭취하는 다른 방식들에 초점을 맞추는 것이 가장 좋다. 덩어리 섭취자(Bulk feeder)는 큰 부피의 음식을 먹어 치우는 동물이다. 뱀은 자기보다 더 큰 희생자를 죽인 다음 통째로 먹어 치우는 것으로 악명이 높다(are notorious for). 음식이 소비되는 또 다른 방법은 자신들의 식량원에서 살거나 식량원을 먹고 사는 기질 섭취자(substrate feeders)나 동물에 의한 것이다. 동물의 시체(dead carcasses)에 들어오는 유충들이 기질 섭취자의 좋은 예다. 고래와 같은 일부 동물은 먹을 것을 얻기 위해 그들의 몸 안에 있는 거름 장치를 통해 음식을 이동시킨다. 끝으로 모기는 살아 있는 숙주의 영양소를 빨아먹는 체액 섭취 동물의 완벽한 예다.

다른 종류의 소화가 있는데 이를테면 저작과 같은 씹는 과정에 의해 음식이 분해되는 기계적 소화와 같은 것이다. 나중에 소규모의 음식 입자들은 화학적 소화를 통해 더 많이 분해된다. 단백질, 탄수화물, 지방 등이 동물들에 의해 직접 사용 가능하다는 사실 때문에 동물은 화학적 소화를 해야 한다. 불행하게도 이 분자들은 동물의 세포에 들어가기에는 아직 너무 크다. 그러나 일단 큰 음식 분자들이 작은 것으로 분해되면 동물은 이것들을 조합하여 쉽게 필요로 하는 분자로 조합할 수 있다.

circuit. The benefit of double circulation is that a severe flow of blood is sent to the brain and other vital human organs.

Brief overview of digestion: The stages of food processing

The first stage of digestion is ingestion and this stage is simply the taking in of food. The second stage is digestion and in this stage food is broken down into bits small enough for the body to absorb. After the food has been processed we come upon the next two stages. The third stage is absorption and during this stage the cells of an animal absorb small molecules in the form of sugars and amino acids. In the final stage the unwanted and undigested material is passed through the body and out of the digestive system. This final stage is aptly named elimination because waste material is eliminated from the body.

Since ingestion is a fairly basic concept it is best to focus on the different ways in which species ingest food. Bulk feeders are those that consume large chunks of food. Snakes are notorious for killing a victim that is much larger than them and then ingesting the entire animal. Another way that food is consumed is by substrate feeders or animals that live in or on their food source. Larva that tunnel into dead carcasses are a fine example of substrate feeders. Some animals even move food through a filter system in their bodies to obtain food like whales. Lastly we have mosquitos which are a perfect example of fluid feeders or animals that suck the nutrients out of a living host.

There are different kinds of digestion such as mechanical

• 소화 구획

많은 사람들이 소화 문제를 깊이 연구한(delved into) 후에 자문하는 한 가지 질문은 우리가 음식을 소화한다면 어떻게 우리의 세포와 조직은 소화하지 않는가 하는 것이다. 이것은 중요하다. 왜냐하면 어쨌든 우리의 몸은 지방, 단백질, 탄수화물과 같은 우리가 먹는 음식에서 추출하는 것과 똑같은 물질들로 이루어졌기 때문이다. 해답은 음식을 처리하기 위한 구획의 전문화(specialization of compartments)에 있다. 이 구획은 두 가지 유형이며 세포 내 구획 혹은 세포 외 구획이다.

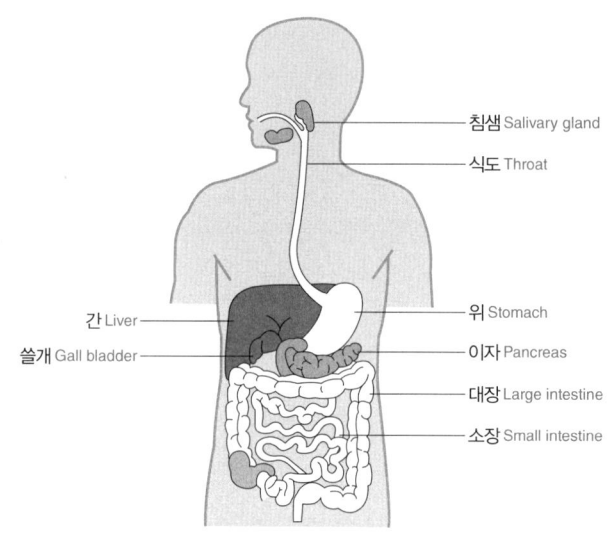

인체 소화 기관

1 세포 내 소화: 가장 단순한 소화 구획은 식포다. 이것들은 음식을 분해하는(decompose food) 가수분해 효소의 본거지(home)며 일단 한 세포가 고체 음식을 섭취하면 음식의 가수분해는 세포 내 소화에 의해 시작된다. 식포들은 리소좀과 융합된다. 이러한 세포 기관들의 융합은 음식을 효소와 접촉시켜(in contact with the enzymes) 소화가 한 구간 내에

digestion in which food is broken down by a process such as chewing. Later these smaller food particles are broken down even further through chemical digestion. Animals must use chemical digestion due to the fact that the proteins, carbohydrates, fats, etc. are directly useable by animals. Unfortunately these molecules are still too large to enter the cells of animals. However once the large food molecules are broken down into smaller ones the animal can assemble these into the molecules that it readily needs.

- The compartments of digestion

One question that many people ask themselves after they have delved into the topic of digestion is how our bodies do not digest our own cells and tissues if we digest food? This is significant because after all our own bodies are made up of the very same materials that we extract from the foods that we eat, such as fats, proteins and carbohydrates. The answer lies in the specialization of compartments that are designed to process food. These compartments can be of two types; intracellular or extracellular.

1 Intracellular digestion: The simplest of digestive components are the food vacuoles. These are home to hydrolytic enzymes that break down food. Once a cell consumes solid food the hydrolysis of food is commenced by intracellular digestion. Food vacuoles fuse with lysosomes. This fusion of organelles brings food in contact with the enzymes, allowing digestion to take place uninterrupted inside a compartment. Additionally an alimentary canal that runs from the opening of one's mouth

서 끊임없이 발생하게 한다. 또한 입의 개구부(opening)에서 항문에 이르는 소화관은 소화 과정이 발생하는 통로다.

2 세포 외 소화: 세포 외 소화를 이용하는 대다수의 종에서는 위수강(gastrovascular cavity)이라고 불리는 작은 주머니가 음식의 소화를 돕는다. 각 종에 따라(according to each species) 그 과정이 다르지만 대전제(main premise)는 음식은 세포 밖에서 분해되어야 한다는 것이다. 소화 효소는 섭취하거나 흡수하기 쉬운 형태로 음식을 분해하기 위해 사용된다.

to an anus is the path along which the digestive process flows.

2 Extracellular digestion: In most species that use extracellular digestion, a pouch called a gastrovascular cavity helps digest food. The process differs according to each species but the main premise is that the food must be broken down outside of the cell. Digestive enzymes are used to break the food down into an easy to consume or absorb form.

problem solving

문제1 그림은 사람의 심장 단면을 나타낸 것이다. 이에 대한 설명으로 옳은 것을 고르라.

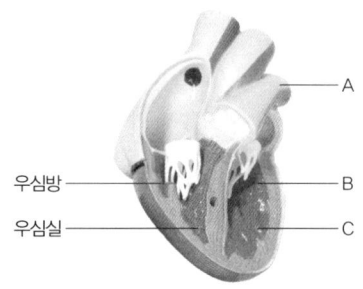

① A는 대정맥이다.
② 소장에서 흡수한 영양소는 A를 통해 심장으로 운반된다.
③ B는 심방에서 심실로 혈액이 이동하는 것을 막는다.
④ C에는 폐동맥이 연결되어 있다.
⑤ C를 흐르는 혈액은 폐에서 기체 교환을 거쳐 산소가 풍부하다.

Example 1 The picture is a cross section of human heart. Choose a correct answer.

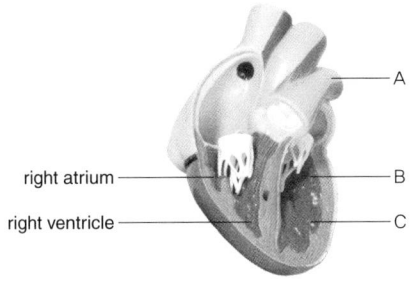

① A is vena cava.
② Nutrients that are absorbed in small intestine is transported to heart via A.
③ B stops the blood to flow from an atrium to a ventricle.
④ C is connected with the pulmonary artery.
⑤ The blood which runs in C is oxygenated by gas exchange in lung.

문제2 다음 그림은 사람의 순환계를 도식적으로 나타낸 것이다. 이에 대한 설명으로 옳지 않은 것을 고르라.

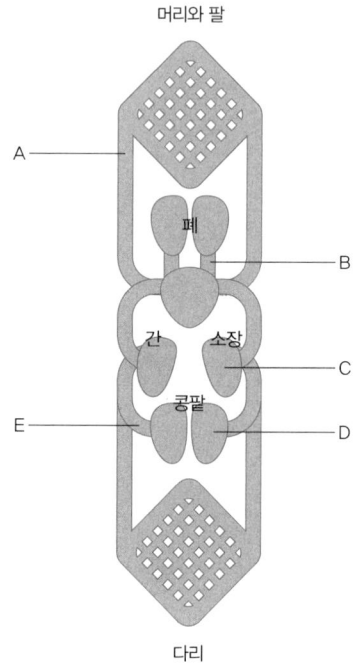

① A에는 영양소가 적고 이산화탄소를 많이 포함한 혈액이 흐른다.
② B에는 산소가 풍부한 혈액이 흐른다.
③ C에서 흡수된 영양소는 순환계를 통해 심장으로 이동하여 온몸으로 공급된다.
④ D에서는 암모니아로부터 요소를 생성하여 몸 밖으로 배설한다.
⑤ E에는 질소성 노폐물의 농도가 낮은 혈액이 흐른다.

Example 2 The picture typically shows the circulatory system of human. Choose all correct answers.

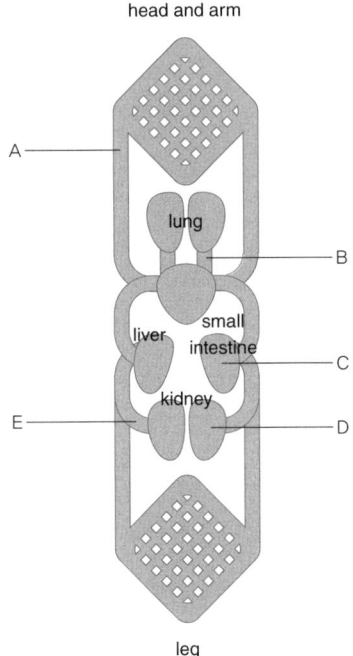

① Deoxygenated blood which contains only little nutrient runs in A.
② Oxygenated blood runs in B.
③ Nutrients that are absorbed in C are supplied entire body via circulatory system.
④ D produces ureas from ammonia and excretes them out of the body.
⑤ Blood which contains only little nitrogenous waste runs in E.

문제3 그림 A는 소장 내벽 융털의 단면 구조를 B는 소장으로 흡수된 여러 가지 영양소의 이동 경로를 나타낸 것이다. 이에 대한 설명으로 옳은 것을 모두 고르라.

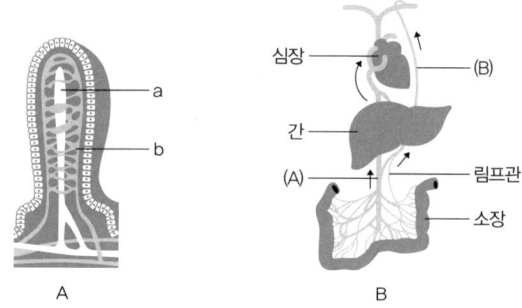

a. 아미노산은 a로 지방은 b로 흡수된다.
b. a를 통해 흡수된 영양소는 (B)를 통해 b를 통해 흡수된 영양소는 (A)를 통해 이동한다.
c. 소장에서 흡수된 영양소는 순환계에 의해 심장으로 이동한 후 온몸의 조직 세포로 운반된다.

① a   ② b   ③ c   ④ b, c   ⑤ a, b, c

➡ 해답 1. ⑤ 2. ④ 3. ④

Example 3 The picture A shows the sectional structure of villus on small intestine's inner wall, and B shows the course of various nutrients that are absorbed in small intestine. Choose all correct explanations.

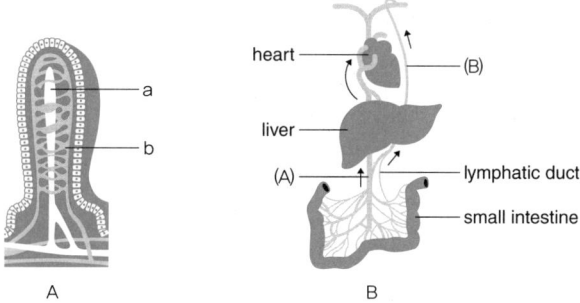

a. Amino acid is absorbed in a, and fat is absorbed in b.
b. The nutrients that are absorbed through a transport via (B), and the nutrients that are absorbed through b transport via (A).
c. The nutrients that are absorbed in small intestine are moved to the heart via the circulatory system and transported to tissue cells in entire body.

① a   ② b   ③ c   ④ b, c   ⑤ a, b, c

rest in biology

Cellular respiration(세포 호흡)과 combustion(연소)의 차이

Combustion은 fuel(연료)을 태워서 energy를 release(방출)하고, cellular respiration은 nutrient(영양소)를 decompose하여 energy를 release한다는 점에서 비슷하지만 과정에는 차이가 있다.

Cellular respiration에서는 glucose가 enzyme reaction(효소 반응)을 거치면서 단계적으로 decompose되어 energy를 소량씩 release한다. 이때 발생하는 energy의 일부는 ATP라는 물질에 in the form of chemical energy(화학 에너지 형태)로 store되고 나머지는 heat(열)로 방출된다. 한편 glucose가 combustion이 될 때는 높은 온도에서 oxygen과 glucose가 violently(격렬)하게 react(반응)하면서 순간적으로 light(빛)와 heat을 내며 oxidize(산화)된다.

Artificial heart(인공 심장) 이야기

Artificial heart는 functionally(기능상)하게 total artificial heart(완전 인공 심장), ventricular assist device(보조 인공 심장), IABP(Intra Aortic Balloon Pump, 대동맥 내 풍선 펌프) 등으로 classify(분류)된다.

Total artificial heart는 heart의 좌우 atrium(심방)과 aorta(대동맥), pulmonary artery(폐동맥)와 연결된 부위를 잘라낸 자리에 부착하여 heart의 기능을 완전히 대체한다.

Ventricular assist device는 ventricle(심실)의 벽과 aorta에 구멍을 뚫어 관을 연결한 후 그 관에 blood pump(혈액 펌프)를 연결하여 ventricle에서 blood의 ejection(박출)의 작업을 보조한다. Blood를 ejection을 할 때에는 aorta에 연결된 관에 부착된 valve(판막)가 열려 blood를 공급하고 release

될 때에는 ventricle에 연결된 관에 부착된 valve가 열려 blood가 유입된다.

IABP는 heart에 insert(삽입)하는 풍선으로, aorta femoralis(대퇴 동맥)나 말초 동맥으로부터 풍선을 부착한 관을 쇄골 밑 aorta의 바로 아래까지 삽입한다. 그리고 heart의 heartbeat(심장 박동)에 맞추어 풍선의 contraction과 relaxation을 조절하는 running gear(구동 장치)를 동작시킨다. 그러면 heart의 diastolic phase(심확장기)에 풍선이 extend(확장)되고 systolic period of heart(심수축기)의 직전에 풍선이 급속히 contract(수축)되어 left ventricle(좌심실)의 압력을 저하시킨다.

Total artificial heart는 living organism 내에 이식되어 unrecoverable(회복 불능)한 heart의 기능을 완전히 대체할 수 있지만 오늘날에는 부분적인 기능을 대체하거나 보완하는 ventricular assist device도 artificial heart의 중요한 부분으로 인정된다. Artificial heart는 medication(약물 치료)과 operative treatment(수술 치료), tissue(조직)의 rejection(거부 반응)이 일어나기 쉬운 heart transplant(심장 이식)와 같이 효과적이지 않은 치료 방법만 이어지던 heart disease(심장 질환)의 치료에 큰 도움을 주고 있다.

Ventricular assist device는 보조적인 역할만 carry out(수행)하여 장치에 flaw(결함)가 생기더라도 heart에 의한 부분적인 ejection이 가능하여 더욱 안전하다.

제3의 영양소 vitamin(비타민)

Vitamin이라는 이름은 beriberi(각기병)를 연구하던 중에 만들어졌다. Unpolished rice(현미)에서 beriberi를 prevent(예방)하는 amine(아민)이란

material을 extract(추출)했는데 여기에 life(생명)를 의미하는 vita(비타)란 라틴어를 붙여 maintain life(생명 유지)를 하는 데 필수적인 material이라는 뜻의 vitamine(비타미네)란 이름이 탄생했다.

Fat soluble vitamin(지용성 비타민)인 vitamin F는 흔히 linolenic acid(리놀랜산)로 불리며 unsaturated fatty acid(불포화 지방산)로 구성되었다. Unsaturated fatty acid는 saturated fat(포화 지방)이 연소되는 것을 도와 weight loss(체중 감소)를 돕고 artery에 cholesterol(콜레스테롤)이 축적되는 것을 막아 blood circulation(혈액 순환)도 개선한다. Evening primrose(달맞이꽃), polly seeds(해바라기 씨), safflower(홍화 씨)와 같은 vegetable oil(식물성 기름)에 많이 들어 있다.

또 다른 fat soluble vitamin인 vitamin P는 vitamin C의 기능을 보강하고 capillary vessel(모세혈관)의 벽을 튼튼하게 하여 bruise(멍)가 드는 것을 예방한다. Buck wheat(메밀)과 귤, 레몬, 오렌지 같은 과일에 많다.

Vitamin T는 folate(엽산), vitamin B_{12}(비타민 B_{12}), deoxyriboside(데옥시리보시드)의 mixture(혼합물)이며 곤충의 epidermis(표피), 곰팡이의 hypha(균사), 효모의 fermented liquor(발효액)에 존재한다. Protein의 synthesis(합성)를 증진한다고 알려져 있다.

Vitamin P의 extraction(추출)이나 synthesis에 대한 연구는 없다. Sesame(참깨)와 the yolk of an egg(계란 노른자) 등에 rich(풍부)하다고 알려졌다.

Vitamin U는 stomach ulcer(위궤양)를 치료하는 것으로 알려졌으며 cabbage(양배추)에 다량 함유돼 있다.

9

Human Body and Hormones
인간의 신체와 호르몬

Human body(인간의 신체)는 grow(자라다)하고 develop(발달)하고 change(변화)한다. 무엇이 이 complete(완전)한 development(발달)의 프로그램을 작동하는가? 답은 endocrine system(내분비 기관), 더 구체적으로 말하자면 hormone(호르몬)이다. Hormone은 throughout the body(몸 전체)에 조절 메시지를 전하는 molecule(분자)이다. In the case of human(인간의 경우) testosterone(테스토스테론)이 젊은 남자들의 growth and development(생육)를 자극한다.

basic concept

신체 활동을 조절하는
Hormone

Hormone은 endocrine gland(내분비선)에서 secrete(분비)되어 특정 tissues(조직)나 organs(기관)에 영향을 미쳐 physiological function(생리 작용)을 regulate(조절)하는 물질이다.

Human(사람)의 endocrine gland에는 pituitary gland(뇌하수체), thyroid gland(갑상선), parathyroid gland(부갑상선), adrenal gland(부신), pancreas(이자), testis(정소), ovary(난소)가 있으며 각 endocrine gland마다 다른 hormone을 secrete한다. 예를 들면 체내의 blood sugar contents(혈당량)를 regulate하는 central nerve(중추)는 diencephalon(간뇌)의 hypothalamus(시상하부)다.

Hormone은 blood(혈액)를 통해 운반되어 target cell(표적세포)이나 target organ(표적 기관)에서만 효과를 나타낸다. 미량으로 physiological function을 regulate하며 vertebrates(척추동물)에는 species specificity(종 특이성)가 없다.

Hormone은 크게 protein hormone(단백질계 호르몬)과 steroid hormone(스테로이드계 호르몬)으로 나뉜다. Protein hormone에는 pituitary hormone(뇌하수체 호르몬), hypothalamic hormone(시상하부 호르몬)이 있고 steroid hormone에는 adrenocortical hormone(부신피질 호르몬), estrogen(에스트로겐)이나 testosterone과 같은 sex hormone(성호르몬), insect(곤충류)나 crustacean(갑각류)에서 볼 수 있는 ecdysone(탈피 호르몬) 등이 있다. Water-soluble hormone(수용성 호르몬)인 protein hormone은 acceptor protein (수용체 단백질)이 target cell의 cell membrane(세포막)에 있다. Hormone이 acceptor(수용체)에 bind(결합)하면 signaling pathway(신호 전달 경로)를 거쳐 cytoplasm(세포질)의 기능을 변화시키거나 nucleus(핵) 안에서 gene(유전자)의 작용에 영향을 미친다. Cell membrane의 acceptor에 bind하여 cell 내에 enzyme(효소)을 release(방출)하는 것과 같은 반응을 induce(유도)하므로 효과가 빠르나 일시적이다.

Protein hormone은 target organ의 cell membrane에 있는 hormone receptor(호르몬 수용체)와 bind한 뒤 second messenger(2차 전달자)라는 물질을 통해 cell의 안으로 신호를 relay(전달)한다.

Steroid hormone은 스테로이드 고리를 기본 구조로 가진 hormone으로 second messenger나 enzyme(효소) 등을 사용하지 않고 cell membrane을 pass through(투과)하여 DNA에 직접 작용한다.

Fat soluble hormone(지용성 호르몬)에 속하는 steroid hormone과 thyroid gland hormone인 티록신은 target cell의 cell membrane을 pass through할 수 있다.

Hormone은 cytoplasm이나 nucleus에 있는 acceptor와 bind하여 DNA에 직접 작용하며 gene expression(유전자 발현)을 regulate한다. Nucleus 속의 gene에 직접 작용하여 cell의 protein synthesis(단백질 합성)를 regulate하므로 효과가 나타나는 데 시간이 걸리지만 오래 지속된다.

Interbrain(간뇌)의 hypothalamus는 우선 sympathetic nerve(교감신경)를 통해 pancreas의 islets of Langerhans(랑게르한스섬) alpha cell(α-세포)을 자극하여 glucagon(글루카곤)의 secretion(분비)을 촉진한다. Pancreas에서는 glucagon과 insulin(인슐린)이 secrete된다. Glucagon은 liver(간)에서 glycogen(글리코젠)을 glucose(포도당)로 decompose하여 blood sugar contents를 증가시킨다.

Diabetes(당뇨병)는 blood 속의 glucose가 urine(오줌)으로 excrete(배설)되는 병이다. Diabetes는 blood 속 glucose의 양을 일정하게 유지시키는 hormone인 insulin이 결핍되거나 insulin resistance(인슐린 저항성)가 있을 때 발병한다. Diabetes 환자에게 insulin을 투여하는 이유는 blood sugar contents를 낮추기 위함이다. 그러나 hormone은 대부분 protein이기 때문에 orally(구강)로 투여할 경우 음식의 protein과 마찬가지로 digestive organs(소화 기관)에서 digest(소화)될 수 있다. 따라서 inject(주사로 투여)한다. 또한 저혈당 쇼크를 막기 위해 blood vessel이 아닌 근육에 inject해야 한다.

또한 sympathetic nerve는 adrenal medulla(부신수질)를 자극하여 epinephrine(에피네프린)의 secrete를 촉진하는데, epinephrine도 glucagon과 마찬가지로 liver에서 glycogen을 glucose로 decompose시킨다. Last but not least(마지막으로) anterior pituitary(뇌하수체 전엽)에서 adrenocorticotropic hormone(ACTH, 부신피질 자극 호르몬)을 secrete하여 adrenal cortex(부신피질)에서의 glucocorticoid(당질 코르티코이드)의 secretion을 촉진시킨다. 이 hormone은 조직의 fat(지방)과 protein을 glucose로 전환시킨다.

Homeostasis(항상성)란 phenomenon of life(생명 현상)가 제대로 일어날 수 있도록 일정한 상태를 유지하는 성질을 말한다. 이것은 interbrain의 hypothalamus가 autonomic nerve(자율신경)와 hormone에 의해 regulate되면서 유지되는데 hormone의 secretion은 feedback(피드백)에 의해 regulate된다.

Hormone의 분비량이 적정 수준으로 regulate되는 것을 feedback이라고 하고 결과가 원인을 suppress(억제)하는 방식으로 regulate하는 것을 negative feedback(음성 피드백), 결과가 원인을 reinforce(강화)하는 방식으로 regulate하는 것을 positive feedback(양성 피드백)이라고 한다. 대부분 hormone의 분비량 regulate는 negative feedback의 원리에 의해 regulate된다. 예를 들면 체온이 높을 때에는 blood sugar contents가 감소하고 근육의 떨림은 억제되어 체내 열 발생량을 줄인다. 또 **parasympathetic nerve**(부교감신경)가 흥분하여 피부의 **capillary**(모세혈관)가 확장되면 피부를 통한 열 발산량이 늘어나 체온을 유지할 수 있다.

reading biology

호르몬: 화학적 신호

인간의 신체를 조절하는 두 개의 단순한 소통 및 통제 체계가 있다. 첫 번째는 신경계로 전용 경로(dedicated pathways)를 따라 신호를 전하는 전문화된(specialized) 세포로 구성되어 있다. 이 신호의 목적은 신경세포, 내분비세포와 근육세포를 조절하는 것이다. 두 번째는 내분비 기관으로 이것은 앞으로 나올(upcoming) 페이지에서 가장 많이 언급될 것이다. 이 시스템은 생식, 성장, 행동 및 발달 과정을 조절한다. 이러한 조절의 원천은 호르몬 형태로 오며 이 호르몬은 신체의 모든 세포로 방출되어(get released to all cells of the body) 신체 내 특정 수용체들에 영향을 미친다. 호르몬이 표적으로 삼는 수용체에서 물질대사의 변화 같은 반응이 자극된다. 물론 이것은 한 세포가 상응하는 수용체를 갖지 않으면 방출된 호르몬에 영향을 받지 않는다는 것을 의미한다.

• 세포 간 소통

세포 사이에 전달되는 신호를 분류하는(to classify) 두 가지 방법이 있다. 첫 번째는 표적으로 가는 도중에 신호가 취하는 경로에 의한 방법이고 두 번째는 단순히 신호 전달 물질 분비세포 유형이다.

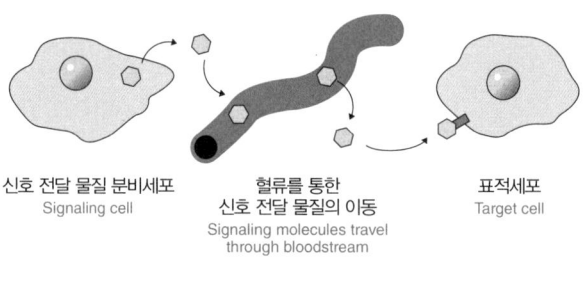

신호 전달 물질 분비세포
Signaling cell

혈류를 통한
신호 전달 물질의 이동
Signaling molecules travel
through bloodstream

표적세포
Target cell

내분비 신호 전달
Endocrine signaling

Hormones: Chemical signaling

There are two simple systems of communication and regulation that engross the human body. The first is the nervous system which consists of specialized cells that transmit signals along dedicated pathways. The purpose of these signals is to regulate neurons, endocrine and muscle cells. The second is the endocrine system and this is the one that we will talk about the most in the upcoming pages. This system regulates reproduction, growth, behavior, and development. The source of this regulation comes in the form of hormones, which get released to all cells of the body and affect certain receptors within the human body. In the receptor that the hormone targets a response is stimulated such as a change in metabolism. Of course this means that if a cell does not have the matching receptor then it stays unaffected by the hormone that was released.

- Intercellular communication

There are two ways to classify the ways in which signals are transmitted between cells. The first is by the route taken by the signal on its way to its target, while the second is simply the type of secreting cell.

• 내분비 신호 전달

호르몬은 혈류로 분비되다가 결국 그들의 표적세포에 이른다. 내분비 신호 전달을 통해 생체 항상성이 유지되고 발육이 조절된다. 이 호르몬은 스트레스 상황과 다른 심각한 생물학적 상태에 대한 신체 반응을 조정한다. 게다가 이들은 성장과 성숙에 따른 행동과 신체 변화의 근원이기도 하다.

• 파라크린과 오토크라인 신호 전달

확산을 통해 짧은 거리의 목적지에 이르는 분자들을 국부적 수용 기관이라고 부른다. 신호는 두 유형인 파라크린이나 오토크라인이 될 수 있다. 파라크린 신호 전달에서 신호 전달 물질 분비세포는 표적세포 부근에 있다(lies near the target cells). 오토크라인 신호 전달은 신호 전달 물질 분비세포가 실제로 (actually) 표적세포와 동일한 점에서 차이가 있다. 이 두 가지 형태의 신호 전달은 혈압 조절과 신경계 기능과 같은 다수의(tons of) 생리학적 과정에 관여되어 있다.

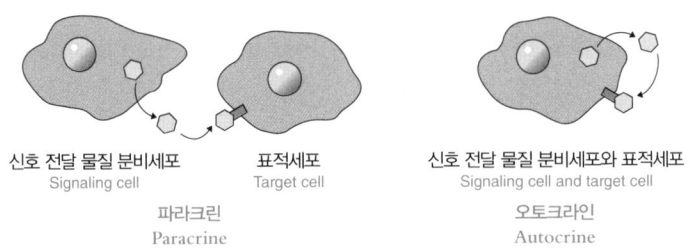

신호 전달 물질 분비세포
Signaling cell
표적세포
Target cell
파라크린
Paracrine

신호 전달 물질 분비세포와 표적세포
Signaling cell and target cell
오토크라인
Autocrine

• 시냅스와 신경 내분비 신호 전달

시냅스 신호 전달에서는 신경세포와 근육세포 사이에 시냅스라고 불리는 신호 전달 단위 형성이 발생한다(takes place). 신경 전달 물질은 시냅스에서 분비되고 이것은 표적세포의 수용체에 결합한다. 신경 전달 물질은 특히 감각, 인지 및 움직임을 책임진다.

- Endocrine signaling

Hormones are secreted into the bloodstream and eventually reach their target cells. Through endocrine signaling homeostasis is achieved and development is regulated. These hormones coordinate the body's response to stressful situations and other severe biological conditions. Additionally they are the source of behavioral and physical changes that come along with growth and maturity.

- Paracrine and autocrine signaling

Molecules that reach their destination over short distances through diffusion are called local regulators. Signals can be of two types: paracrine or autocrine. In paracrine signaling the secreting cell lies near the target cells. Autocrine signaling differs because the secreting cell is actually the target cell. These two forms of signaling are involved in tons of physiological processes like blood pressure regulation and nervous system function.

- Synaptic and neuroendocrine signaling

During synaptic signaling the formation of neurons, called synapses with neurons and muscle cells takes place. Neurotransmitters are secreted at the synapses and these bind to receptors on the target cells. Neurotransmitters are responsible for sensation, cognition, and movement; among other things.

During neuroendocrine signaling neurosecretory cells discharge

신경 내분비 신호 전달에서 신경 분비세포들은 혈류에 위치한(located) 신경 말단에서 확산된(diffuse) 분자를 방출한다. 신경 호르몬은 이 분자들을 명확히 부르는 것이고 대표적인 예가 신장 기능과 체내 수분 평형에 관계된 호르몬이다.

• 페로몬

일부 분비된 신호 전달 분자는 실제로 신체 밖에서 역할을 하는데 이를 페로몬이라 한다(are referred to as pheromones). 이러한 화학 물질들은 소통 방법의 하나로 특정 종의 한 구성원에 의해 외부 환경으로 방출된다. 개미는 일상 생활에서 악명 높은 페로몬 이용자들이다. 개미가 페로몬을 이용할 수도 있다는 주요 근거는 새로운 음식원을 발견했다고 다른 개미에게 전달하는 것이다. 개미가 음식원에서 둥지로 돌아가는 경로를 표시하기 때문에 다른 개미들이 음식원을 찾아낼 수 있다. 페로몬이 이용될 수 있는 다른 방법은 포식자들에게 경고하고, 짝을 끌어들이고, 영역을 표시하는(mark off) 것 등이다.

내분비 조직과 기관

일부 내분비계 세포는 목에 위치한 부갑상선은 물론이고 갑상선과 같은 내분비선에서 발견된다. 내분비선은 체액에 호르몬을 직접 방출한다(put hormones directly into the fluid)는 점에서 외분비선과 차이가 있다. 외분비선은 도관을 갖고 있는 것으로 이 도관은 분비된 물질을 피부나 신체 열구로 나른다. 그림은 주요 내분비선과 남녀 신체에서의 위치를 나타내고 있다.

• 호르몬의 종류

호르몬은 세 가지 주요 종류가 있는데 화학적 특성과 크기에 따라 다르다.

molecules that diffuse from nerve cell endings located in the bloodstream. Neurohormones are what these molecules are specifically called and a prime example of one is a hormone that is related to kidney function and water balance.

- Pheromones

Some secreted signaling molecules actually act outside of the body and are referred to as pheromones. These chemicals are released by one member of a certain species, into the outside environment, as a way to communicate. Ants are notorious users of pheromones in their everyday life. The main reason why an ant might use a pheromone is to communicate to others that it has found a new food source. The ant marks the path from the food source back to its nest so that the others can trace it back to the source. Other ways in which pheromones can be used are to warn predators, attract a mate and to mark off one's territory.

Endocrine tissues and organs

Some endocrine system cells are found in endocrine glands such as the thyroid glands as well as parathyroid glands, located in the neck. Endocrine glands differ from exocrine glands in that they put hormones directly into the fluid. Exocrine glands are those that have ducts which carry secreted materials onto the skin or into body fissures. Figure lists the major endocrine glands and their locations throughout the male and female body.

첫 번째는 폴리펩타이드로, 대표적인 폴리펩타이드가 인슐린인데 이것은 두 폴리펩타이드 사슬의 절단에 의해 만들어진다. 두 번째는 테스토스테론과 같은 스테로이드 호르몬이고 그것은 네 개의 융합된 탄소 고리를 포함하고 있는 지질이다. 마지막은 하나의 아미노산에서 합성되는(synthesized from a single amino acid) 아민 그룹이다.

아민과 폴리펩타이드 둘 다 수용성이어서 세포의 원형질 막을 통과할(pass through) 수 없다. 반면 스테로이드 호르몬은 지용성이고 세포막을 쉽게 통과할 수 있는 능력을 갖고 있다.

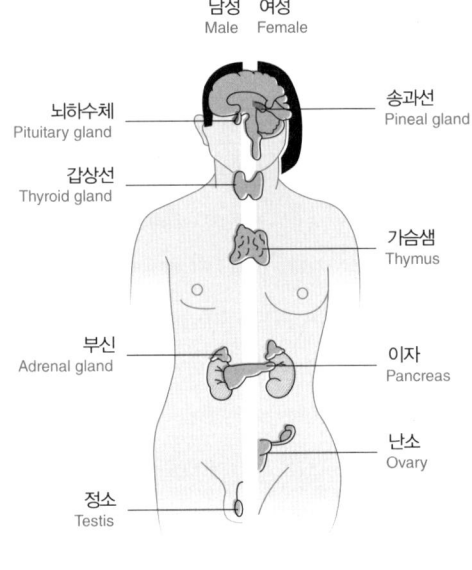

주요 내분비선과 위치

호르몬의 여러 가지 효과

호르몬의 효과는 각기 다른데 표적세포들이 호르몬에 대한 반응을 받거나 만들어 내는 분자가 다르기 때문이다. 가장 좋은 예는 에피네프린인데 주요 골격근으로의 혈액 흐름을 증대시키고 소화관으로 흐르는 혈액을 감소시키며 간에서 글리코겐의 분해를 일으키기 때문이다.

- The classes of hormones

There exist three major classes of hormones, that vary according to their chemical properties and size. The first is polypeptides and one prominent polypeptide is insulin, which is formed by the cleavage of two polypeptide chains. The second is the hormone steroid, like testosterone and it's a lipid that contains four fused carbon rings. The last is the amine group which are synthesized from a single amino acid.

Amines and polypeptides are both water soluble and thus cannot pass through the plasma membranes of cells. On the other hand steroid hormones are lipid soluble and have the capability to easily pass through cell membranes.

Multiple effects of hormones

The effects of hormones differ because the target cells differ in the molecules that receive or produce the response to that hormone. The best example is that of epinephrine, because it increases the flow of blood to major skeletal muscles, a decreased flow of blood to the digestive tract and triggers glycogen breakdown in the liver.

Liver cells have a B-type receptor for epinephrine and it activates the enzyme kinase A. Additionally, in blood vessels that go to skeletal muscle, the same kinase activated by the same receptor inactivates a muscle specific enzyme. On the other hand in intestinal blood vessels there exists an A-type epinephrine receptor. The A-type receptor triggers a distinct signaling pathway

간세포는 에피네프린에 대한 B형 수용체를 갖고 있고 그것은 키나아제 A효소를 활성화시킨다(activates the enzyme kinase A). 게다가 골격근으로 가는 혈관에서 같은 수용체에 의해 활성화되는 것과 같은 키나아제는 근육 특이성 효소를 비활성화한다. 반면에(On the other hand) 장 혈관에는 A형 에피네프린 수용체가 있다. A형 수용체는 다른 효소는 물론이고 다른 G 단백질과 관련된 독특한 신호 전달 경로를 일으킨다. 이 경우에 평활근 수축 및 장의 혈류 감소가 보이지만 간에서는 평활근 이완과 혈류 증가가 보인다.

국부적 조절 물질에 의한 신호 전달

국부적 조절 장치들은 주변 세포들과 연결되어 분비된 물질이거나 직접 신호 전달 분비세포를 조절한다. 국부적 조절 장치들은 신속하게 작동하도록 설계되어(are designed to be fast acting) 있기 때문에 호르몬보다 훨씬 더 빨리 반응을 이끌어낸다. 그러나 그들의 작용 경로는 호르몬과 같다. 성장 인자들(Growth factors)은 세포 분화와 세포 증식을 자극하여 국부적 조절 물질로 기능한다. 성장 인자들이 존재할 때 많은 세포들이 자라고 분열되며 정상적으로(normally) 발달한다. 프로스타글란딘은 변형된 지방산이고 또다른 그룹의 국부적 조절 물질이다.

프로스타글란딘

이들은 다양한 활성을 지니며 여러 종류의 세포에 의해 생산된다. 열과 염증은 사람이 아플 때 프로스타글란딘에 의해 발생한다. 통증으로 고생하는(suffers from pain) 이유는 프로스타글란딘이 생성되기 때문이다. 또 다른 예는 혈소판 조절(regulation of platelets)인데 이는 혈액 응고를 억제한다. 이 때문에 심장 발작과 같은 것을 예방하기 위해 매일 약을 복용하는 사람들도 있다. 물론 부작용(side effects)이나 약물 치료의 의존은 건강에 해로울 수 있고 또 건강상의 이득보다 손실이 더 클 수 있다.

which involves a different G protein as well as different enzymes. In this case we can see smooth muscle contraction and less blood flow to the intestines, whereas in the example of the liver we see smooth muscle relaxation and an increase in blood flow.

Signaling done by local regulators

Local regulators are secreted molecules that link neighboring cells or they directly regulate the secreting cell. Local regulators are designed to be fast acting and therefore elicit a response much quicker than hormones. However their pathways are the same as hormones.

Growth factors function as local regulators by stimulating cell differentiation and proliferation. When growth factors are present many cells grow, divide and develop normally. Prostaglandins are modified fatty acids and another group of local regulators.

Prostaglandins

These have many different activities and are produced by a great deal of cell types. Fever and inflammation are produced by prostaglandins when one is sick. When one suffers from pain it is because prostaglandins are synthesized. Another example is their regulation of platelets, which helps prevent blood clots. Because of this some people take medication everyday to help prevent things like a heart attack. Of course the side effects or relying on medication can be very detrimental to one's health and possibly outweigh the health benefits.

problem solving

문제1 표는 호르몬의 결핍이나 과다로 인한 증상을 나타낸 것이다. 이에 대한 설명으로 옳은 것을 모두 고르라.

호르몬	증상
A	결핍되면 왜소증이 나타난다.
B	결핍되면 오줌에서 포도당이 검출된다.
C	과다 분비되면 고혈당, 체중 감소, 안구 돌출 등이 나타난다.
D	과다 분비되면 뼈가 무르고 쉽게 부러진다.

a. A는 뼈와 근육의 발육을 촉진한다.
b. B는 간에서 글리코겐을 포도당으로 전환시킨다.
c. C는 더울 때 분비가 촉진되어 열 발산량을 증가시킨다.
d. D는 혈중 Ca^{2+} 농도의 항상성 유지에 관여한다.

① a, b   ② a, d   ③ b, d   ④ c, d   ⑤ a, b, d

Example 1 The chart shows the symptom of human when hormone is excessive or deficiency. Choose all the correct answers.

hormone	symptom
A	Hormone Deficiency causes dwarfism.
B	Hormone deficiency causes the detection of glucose in the urine.
C	Excessive contraction of hormone can cause glycosemia, lost of weight, exophthalmic.
D	Excessive contraction of hormone can cause skeletal fragility and fracture.

a. A accelerate growth of bone and muscle.

b. B transfers glycogen to glucose in the liver.

c. C expedites the contraction on heat and increase heat release.

d. D involves with maintaining homeostasis of concentration in the blood Ca^{2+}.

① a, b　② a, d　③ b, d　④ c, d　⑤ a, b, d

문제2 표는 혈액의 칼슘 농도를 조절하는 호르몬 A와 B의 기능을 나타낸 것이다. A와 B에 대한 설명으로 옳은 것을 모두 고르라.

호르몬	기능
A	· 뼈에 칼슘의 저장을 촉진한다. · 콩팥에서 칼슘의 배설을 촉진한다.
B	· 뼈에서 칼슘의 방출을 촉진한다. · 콩팥에서 칼슘의 재흡수를 촉진한다.

a. A의 농도가 높아지면 혈액의 칼슘 농도가 낮아진다.
b. 혈액의 칼슘 농도가 높을 때 B의 분비가 촉진된다.
c. B가 과다하면 골다공증의 위험이 크게 증가한다.

① a　　② a, b　　③ a, c　　④ b, c　　⑤ a, b, c

Example 2 The table shows the functions of hormone A and B which adjust the concentration of calcium in blood. Choose all correct answers about A and B.

hormone	symptom
A	· It accelerates the storage of calcium in bones. · It accelerates the excretion of calcium in kidney.
B	· It accelerates the release of calcium in bones. · It accelerates the reabsorption of calcium in kidney.

a. As the concentration of A increases, the concentration of calcium in blood decreases.
b. The secretion of B is promoted when the concentration of calcium in blood is high.
c. The risk of osteoporosis increases greatly if B is excessive.

① a   ② a, b   ③ a, c   ④ b, c   ⑤ a, b, c

문제3 다음 그림은 어린아이가 저온 자극을 받았을 때 갑상선 호르몬의 분비와 체온이 조절되는 과정을 나타낸 것이다(단, 티록신 합성에는 아이오딘이 필요하다). 이에 대한 해석과 추론으로 옳지 않은 것을 고르라.

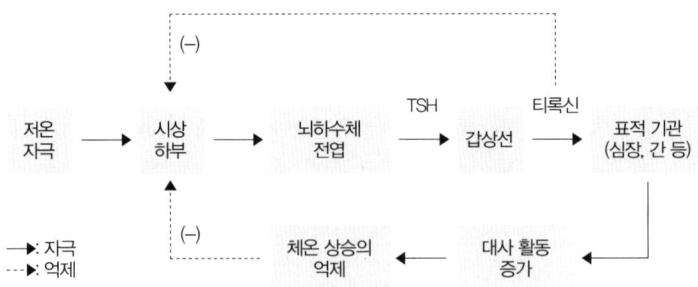

① 티록신의 분비량이 증가하면 체온이 올라간다.
② 티록신의 분비가 과다한 환자는 체중이 증가한다.
③ 티록신의 분비량이 감소하면 TSH 분비량이 증가한다.
④ 추울 때 간에서 세포 호흡에 의한 열 발생량이 증가한다.
⑤ 아이오딘이 결핍되면 갑상선이 비대해지는 병에 걸릴 가능성이 높다.

➡ 해답 1. ② 2. ③ 3. ③

Example 3 The picture shows the adjustment process of body temperature and thyroid hormone secretion when a child was stimulated in low temperature(But, Iodine is needed for the composition of thyroxine). Choose incorrect inference.

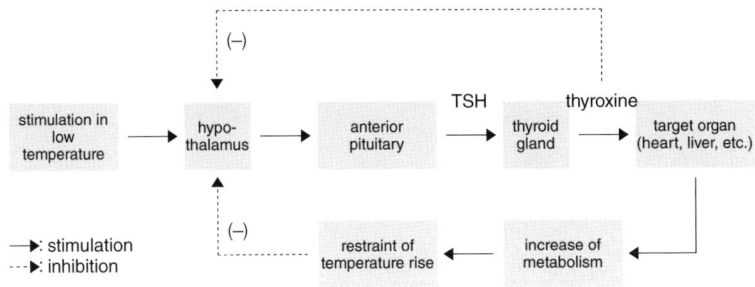

① As secretion rate of thyroxine increases, the temperature increases as well.

② The patient's weight increases when he has excessive secretion rate of thyroxine.

③ If secretion rate of thyroxine decreases, secretion rate of TSH increases.

④ The heat production by cellular respiration in liver increases in cold temperature.

⑤ It is highly possible to be infected by a disease which one's thyroid gland gets fat under lack of iodine.

rest in biology

감기처럼 흔해진 goiter(갑상선종)

Goiter는 thyroid(갑상선)가 비정상적으로 커지면서 목의 정면과 측면이 부풀어오르는 증상을 나타낸다.

Goiter의 주요 발병 원인은 iodine(요오드)의 결핍이다. Iodine은 thyroid hormone(갑상선 호르몬)인 thyroxin(티록신)을 만드는 데 necessary(필요)한 nutrition(영양소)인데, iodine이 부족하면 thyroid에서 adequate amount(적절한 양)의 thyroxin을 만들지 못한다. 혈중 thyroxin의 농도가 낮아지면 이 정보가 hypothalamus(시상 하부)와 pituitary gland(뇌하수체)에 전달되어 thyroid stimulating hormone(TSH, 갑상선 자극 호르몬)의 secretion이 increase(촉진)된다. 이것은 다시 thyroid을 과도하게 stimulate해서 thyroid가 부어오르게 된다.

결국 iodine의 결핍으로 thyroxin secretion을 조절하는 negative feedback(음성 피드백)이 properly(제대로)하게 작용하지 못하여 병적인 symptom(증상)이 나타난다.

대표적인 호르몬 질환 diabetes(당뇨병)

Diabetes는 insulin dependent diabetes mellitus(IDDM, 인슐린 의존형 당뇨병)와 non-insulin dependent diabetes mellitus(NIDDM, 인슐린 비의존형 당뇨병)로 나뉜다.

IDDM은 immune system(면역계)이 pancreas(이자)의 pancreatic islets(이자섬) β세포를 파괴하는 autoimmune disease(자가면역 질환)로, 보통 childhood(어린 시절)에 나타나기 때문에 juvenile disease(소아 당뇨)라고도 불린다.

IDDM의 경우에는 insulin을 생산하지 못하는 것이 발병의 원인이므로

insulin을 inject하여 treat(치료)한다.

NIDDM은 blood sugar(혈당)를 낮추는 insulin의 기능이 떨어져 cell이 glucose를 효과적으로 absorb하여 사용하지 못하게 된다. 이를 insulin resistance(인슐린 저항성)라고 한다.

NIDDM은 high calorie(고열량), high-fat(고지방) 식단과 운동 부족, overweight(과체중), 스트레스 등 environmental(환경적)한 factor(요인)에 크게 작용한다.

Diabetes 환자의 90퍼센트 이상이 NIDDM이며 대부분은 regular exercise(규칙적인 운동)와 well-balanced diet(균형 잡힌 식단)로 어느 정도 regulate할 수 있다.

Environmental hormone(환경 호르몬)의 역습

Environmental hormone이란 동물이나 사람의 몸속에서 hormone의 작용을 disturb(방해)하거나 confuse(혼란)시키는 물질을 총칭하는 말이다. 학술 용어로는 endocrine disrupter(내분비계 교란 물질)라고 한다.

Environmental hormone이라는 이름이 붙은 이유는 인체의 외부, 즉 환경에 존재하는 alien substance(이물질)가 몸속에서 마치 natural hormone(자연 호르몬)처럼 작용하기 때문이다.

Natural hormone과 chemical composition(화학적 구성)이 비슷한 이 가짜 hormone은 진짜 hormone처럼 행세하면서 몸속의 cell 물질과 bind하여 growth, 생식, 행동, 기타 cell 반응과 같은 중요한 부분에서 abnormal(비정상적인)한 physiological function(생리적 기능)을 유도한다.

이러한 특성으로 인해 disruption of endocrine system(내분비계 교란)은 organism의 sperm(정자 수 감소), skewed sex ratio(암수 성비 불균형), reproductive organs(생식 기관)의 malfunctioning(이상)을 초래하거나 immunity(면역) 기능 저하 등의 치명적인 결과를 가져온다. 이렇게 environmental hormone은 organism의 growth와 development에 심각한 disturbance(혼란)를 일으킨다.

10

Human Body and Disease
인간의 신체와 질병

매 사십 년마다 두 배로 증가하는 bacteria(박테리아)에 공격 당하는 living organism(유기체)인 earth(지구)를 생각해보자. Host(숙주)가 죽거나 virus(바이러스)가 죽을 것이다. 아니면 둘 다 죽을 것이다.

— Gore Vidal(고어 바이달)

basic concept

인간의 신체를 공격하는
Bacteria

Human body(인간의 몸)는 nutrition(영양소)을 얻기 위해 음식물을 먹고 찌꺼기를 내보내며 체내에서 생성된 nitrogenous waste(질소성 노폐물)를 excrete(배출)한다. 이를 위해 digestive system(소화계), respiratory system(호흡계), excretory system(배설계) 등의 organ(기관)은 외부와 연결된 통로를 가지고 있다. 물리적으로 통로를 완벽하게 block(차단)할 수 없기 때문에 완벽하게 defend(방어)하기도 어렵다. 그렇기 때문에 통로를 통해 pathogen(병원체)이 침입할 수도 있다.

Pathogen이 침입하면 human body는 어떻게 반응할까? Human body는 신속하게 또는 서서히 pathogen을 공격하며 이것은 immune response(면역 반응)를 통해 이루어진다.

Immune response는 congenital immunity(선천성 면역)와 acquired immunity(후천성 면역)로 나뉜다.

Congenital immunity는 이전의 infection(감염) 여부에 상관없이 모든 pathogen을 공격하는 non-specific reaction(비특이적 반응)이다. 그렇기 때문에 infection이 되자마자 곧바로 작동하여 빠르게 immune response가 일어난다.

그에 반해 acquired immunity는 특정 pathogen을 인식하여 specific reaction(특이 반응)을 하고 infection이 되더라도 immune response가 서서히 나타난다. 또 이전에 침입한 antigen(항원)에 대해서는 기억 능력이 있어 효과적으로 작동한다. 예를 들어 white blood cell(백혈구)에 의해 pathogen이 제거되면 congenital immunity고, lymphocyte(림프구)에 의해 antibody(항체)가 생성되어 antigen이 제거되면 acquired immunity다.

Congenital immunity는 외부 방어와 내부 방어로 나뉜다. Skin(피부)이나 mucous membrane(점막)과 같은 1차적인 protective barrier(방어벽)로 pathogen이 체내에 들어오지 못하게 하는 것을 외부 방어, macrophage(대식세포)에 의한 phagocytosis(식균 작용)나 interferon(인터페론) 등의 complement protein(보체 단백질)과 같은 defensive substance(방어 물질)를 사용하는 immune response를 내부 방어라 한다.

내부 방어에도 몇 가지 유형이 있다. Skin에 상처가 생기면 skin 밑에 위치한 mast cell(비만 세포)에서 histamine(히스타민)을 secrete(분비)한다. Histamine에 의해 상처 부위의 capillary(모세혈관)가 확장되면 혈류량이 증가하여 capillary에서 white blood cell이 빠져나오기 쉬워진다. White blood cell은 상처 부위로 침입한 bacteria(세균)를 phagocytosis를 통해 제거한다. 이러한 일련의 반응을 inflammatory reaction(염증 반응)이라 하며 nonspecific reaction이라고 하기도 한다.

Acquired immunity는 T cell(T세포)이 관여하는 cell-mediated immunity(세포성 면역)와 B cell(B세포)이 관여하는 humoral immunity(체액성 면역)가 있다.

Cell-mediated immunity는 cytotoxic T cell(세포 독성 T세포)이 pathogen에 감염된 cell이나 mutation(돌연변이)이 일어난 손상된 cell을 직접 destroy(파괴)한다. 반면에 humoral immunity는 cell 외부의 tissue(조직)나 blood에 존재하는 antigen에 대해 antibody를 생산하여 antigen을 제거한다.

Antigen이 침입하면 activated(활성화)된 B cell과 memory cell(기억세포)이 빠르게 divide(분열)하면서 plasma cell을 대량으로 만들어 신속하게 antibody를 produce(생성)하여 antigen을 제거한다. 그러나 T cell은 plasma cell로 differentiation이 될 수 없다.

T cell은 bone marrow(골수)에서 hematopoietic stem cell(조혈모세포)로부터 produce되어 thymus(가슴샘)에서 mature(성숙)한다. B cell은 bone marrow에서 produce되고 mature된다. B cell에서 differentiation이 된 plasma cell(형질세포)로부터 antibody가 produce된다.

Immunity의 첫 단계는 T helper cell(보조 T세포)이 antigen을 인식하는 것이다. Antigen을 인식한 T helper cell은 cytotoxic T cell을 활성화시켜 antigen에 infect된 cell을 공격하여 제거하는 방식의 cell-mediated immunity가 일어나도록 하는 한편, B cell을 활성화시켜 plasma cell과 memory cell로 differentiation이 되도록 stimulate(촉진)하여 humoral immunity에도 관여한다.

Humoral immunity는 B cell이 antibody를 produce하여 일어나는 반응이고 cell-mediated immunity는 T cell이 infect된 cell을 직접 destroy하는 반응이다.

한편 tuberculosis(결핵), tetanus(파상풍), cholera(콜레라)는 모두 human body의 digestive system, respiratory system, excretory system 등의 organ과 연결된 외부 통로로 침입한 bacteria에 의해 일어나는 disease(질병)다. 이러한 bacterial disease(세균성 질병)는 antibiotics(항생제)로 treat(치료)한다.

Antibiotics란 microorganism(미생물)으로 bacteria의 multiplication(증식)을 suppress(억제)하는 물질이다. 하지만 bacteria의 plasmid(플라스미드)에 antibiotic resistant(항생제 내성) gene(유전자)이 있는 경우가 많아 남용하면 antibiotic resistance(항생물질 내성)를 가진 bacteria가 살아남아 그 수가 increase(증가)할 수 있다.

Viral disease(바이러스성 질환)는 antiviral agents(항바이러스제)를 이용하여 치료한다. 예를 들어 bad cold(독감)는 influenza(인플루엔자)에 의한 disease 고 cold(감기)는 adenovirus(아데노 바이러스) 등에 의한 disease다. Bad cold는 influenza virus(인플루엔자 바이러스)에 오염된 공기를 들이마시거나 pathogen 이 묻은 손으로 눈, 코, 입 등을 만지면 infect될 수 있다.

Influenza virus는 cell membrane(세포막)에 결합할 수 있는 receptor (수용체)가 있는 cell만을 host(숙주)로 삼는다. 왜냐하면 virus는 receptor와 결합하여 cell의 안으로 들어가기 때문이다. Influenza virus가 multiplication하여 나올 때에는 host의 cell membrane 일부를 가지고 나온다. 따라서 많은 수의 virus가 한꺼번에 방출되면 host cell(숙주세포)이 destroy 될 수 있다.

reading biology

　　원핵생물은 지구상에서 발견되는 가장 풍부한 종(most abundant species)이다. 이들의 수가 엄청나게 많은 이유는 인간이 번성하는 환경과 같은, 보다 정상적인 조건은 물론이고 혹독한 상황까지도 견뎌내는 그들의 능력 때문이다. 완벽한 예는 핵방사에서도 살아 남을 수 있는 데이노코쿠스 라디오두란스라는 세균인데 인간이 생존할 수 있는 것의 3,000배의 방사선 양에서도 생존할 수 있다.

　방대한 양의 연구(vast amounts of research) 덕분에(due to) 원핵생물은 지구상에 사는 최초의 생물체로 여겨질 가능성이 높다. 그러나 원핵생물은 온갖 종류의(al kinds of) 기후와 생활 환경을 겪어 왔기(subjected to) 때문에 이들은 자연선택 과정을 통해 특성이 다양해졌다.

　대부분의 원핵생물 구성(makeup)은 단세포 생물의 구성이다. 게다가 이들의 크기는 지름이 0.5~5마이크로미터로 측정되어 진핵생물보다 훨씬 작다. 이들은 또한 그림에서 보는 바와 같이 형태가 여러 가지이다. 이들의 구조는 단세포 내에서 생물체의 모든 삶의 과정을 이룰 수 있는 능력을 갖고 있어 훌륭하다.

원핵생물의 생식

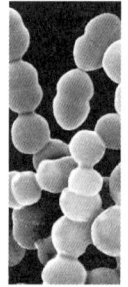

원핵생물

원핵생물이 성공해 온 한 가지 이유는 매우 효과적이고 효율적으로 번식하는 능력에 있다. 이분열로 알려진 과정을 통해 하나의 세포가 두 개로 분열할 수 있다. 나중에 이 두 세포는 각각 분열하고 연쇄적인 세포 분열이 진행된다(is under way).

Prokaryotes are the most abundant species found on earth. The reason for their huge numbers is their ability to withstand such harsh conditions as well as some more normal conditions like those that humans thrive in. A perfect example is Deinococcus Radiodurans bacteria which can survive in nuclear radiation that is 3,000 times what humans can survive in.

It is very likely that due to vast amounts of research prokaryotes are believed to be the first organisms to populate earth. However prokaryotes have been subjected to all kinds of weather and living conditions; therefore through a process of natural selection they have diversified in their characteristics.

The makeup of most prokaryotes is that of a unicellular organism. Additionally, their size is much smaller than eukaryotes as they measure in with a diameter of 0.5~5μm. They also come in an assortment of shapes such as those listed in figure. Their organization is excellent as they have the ability to achieve all of an organism's life process within a single cell.

Reproduction of prokaryotes

One reason why prokaryotes are successful is their ability to reproduce so effectively and efficiently. Through a process known as binary fission just one cell is able to divide into two cells. Later these two cells each divide and a chain of cells dividing is under way. Most prokaryotes will divide within every 3 hours, assuming conditions are

이분열이 발생하기(take place)에 최상의 조건이라고 가정한다면 원핵생물은 매 3시간 이내에 분열한다. 불행히도 원핵생물의 경우 공급된 영양 물질은 결국 고갈되고(depleted eventually) 너무 많은 신진대사 폐기물에 둘러싸이거나 포식자에 의해 파괴된다. 이러한 요인 때문에 실험실 환경하에서의 박테리아 성장은 실제 인체 내에서와는 크게 차이가 난다. 전체적으로 원핵생물의 개체 안에서 수조 마리의 박테리아를 볼 수 있는데 이는 진핵생물보다 훨씬 많은 숫자다.

원핵생물의 적응

구조적인 적응이나 생화학적인 적응은 원핵생물이 어려운 환경(harsh conditions)에서 살아남게 해준다. 일부 박테리아는 심지어 내생 포자를 발생시키는데(develop) 이는 가장 어려운 환경도 견뎌내도록 만들어진 내성세포들이다. 원래의 세포가 여러 개의 질긴 외부층을 소유한 채로 복제하는 일이 벌어진다. 이 보호층은 내생 포자가 수년간 생존하도록 도울 수 있다. 이들은 아주 강인해서 이들을 죽이는 데는 121도의 극단의(extreme) 온도가 필요할 것이다. 일부는 수년간 생존할 수 있고 환경이 개선되면 그들의 형태와 기능을 되찾을 수 있을 정도의 충분한 물을 획득하여 물질대사가 재개될 수도 있다.

약 35억년에 걸쳐 원핵생물이 진화되어 왔기 때문에 이들에게 원시적이라거나 수준 이하라는 오명을 붙이는 것은 부당하다고 여겨진다.

원핵생물의 형질 전환과 형질 도입

- 형질 전환

원핵세포 주변의 외부 DNA 흡수는 세포의 유전형과 표현형의 변화를 일으킨다. 한 세포가 어떤 유해한 세포를 포함하고 있는 배지에 놓이면 그

optimal for binary fission to take place. Unfortunately for prokaryotes their nutrient supply gets depleted eventually, they take on too much metabolic waste or they are destroyed by predators. Because of these factors the growth of bacteria under lab conditions is much different from inside an actual human body. Overall it's possible to see trillions of bacteria in a population of prokaryotes, which is much more than that of eukaryotes.

Adaptation of prokaryotes

Structural adaptations or biochemical adaptations allow prokaryotes to survive harsh conditions. Some bacteria even develop endospores, which are resistant cells designed to endure even the harshest of conditions. What happens is the original cell duplicates itself with multiple tough outside layers. This protective layer can help an endospore survive for years. They are so tough that to kill them would require extreme temperatures of 121°C. Some can survive for many years and when their environment improves they can acquire enough water to regain their form and function so that metabolism may resume.

It is believed that over a span of about 3.5 billion years prokaryotes have evolved and thus it is unfair to label them as rudimentary or substandard.

세포는 유해 세포로 전환된다(transformed into). 상동 DNA 조각의 교환은 비병원성 세포가 병원성 대립형질을 갖고 있는 DNA 조각을 획득할 때 발생하는 사건이다. 다음 단계는 자신의 대립형질을 새로 획득한 외부대립형질과 교환하는 것이다. 결과로 생긴 세포는 재조합형으로 간주된다. 그 이유는 그것의 염색체가 하나가 아닌 두 개의 다른 세포(not one but two dissimilar cells)에서 파생된(derived from) DNA를 갖고 있기 때문이다.

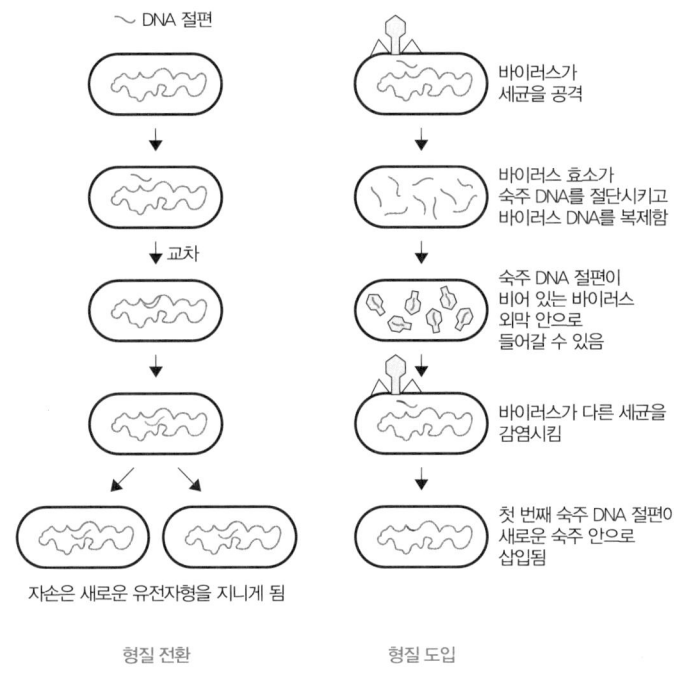

- 형질 도입

박테리아에 침입하는 바이러스들은 원핵 유전자를 한 숙주세포에서 또 다른 숙주세포로 옮긴다. 형질 도입은 파지 증식 주기 동안 발생하고 우연에 의한 것일 수 있다. 때때로 원핵생물 DNA를 지닌 바이러스는 자기 복제할 수 없다. 왜냐하면 그것은 일부 유전물질을 갖고 있지도 않고 극단적인 경우에는(in extreme cases) 자신의 유전물질 전체를 손실하기 때문이다. 물론

Transformation and transduction of prokaryotes

- Transformation

The uptake of foreign DNA from the surroundings of a prokaryotic cell results in the altering of a cell's genotype and phenotype. When a cell is placed in a medium that contains a harmful strain of something then the cell is transformed into a harmful substance. An exchange of homologous DNA segments is the event that occurs when a nonpathogenic cell acquires a piece of DNA which has an allele for pathogenicity. The next step would be for it to replace its own allele with the newly acquired foreign allele. The resulting cell is deemed a recombinant because its chromosomes contain DNA that has been derived from not one but two dissimilar cells.

- Transduction

The viruses that infect bacteria carry prokaryotic genes from one host cell to another. It's possible that transduction occurs during the phage replicative cycle and is the result of an accident. Sometimes a virus that carries prokaryotic DNA may not be able to replicate because it does not have some of its genetic material and in extreme cases it lacks all of it. Of course this is not a huge problem because a virus can simply attach itself to another prokaryotic cell and inject DNA from the donor cell. A recombinant cell is formed after some of the DNA is incorporated into the recipient cell's chromosome.

이것은 대단한 문제는 아니다. 왜냐하면 바이러스는 단순히 또 다른 원핵세포에 붙어 공여세포의 DNA를 주입할 수 있기 때문이다. 유전자 재조합형 세포는 일부 외부 DNA가 파지를 받아들이는 세포의 염색체에 통합된 후 형성된다.

• 접합

접합이라고 불리는 과정 동안 DNA는 임시로 결합되는 두 개의 원핵세포 사이로 옮겨진다. 박테리아 내의 DNA 전달은 일방통행(one-way)이다. 한 세포가 DNA를 기증하고 다른 세포가 받기 때문이다. 한 예가 공여세포의 섬모가 받아들이는 쪽에 부착될 때다. 그런 다음 섬모는 수축하고(pull back) 두 세포는 잡아 거는 방식으로 상호 접합된다. 그러고 나서 일종의 짝짓기 다리(mating bridge)가 형성되어 기증자는 DNA를 수령자에게 전달할 수 있다. 짝짓기 다리 대신에 DNA는 간단히 속이 빈 섬모를 통해 통과할 수도 있다.

원핵생물의 이점과 해로운 영향

• 상리공생의 박테리아

우리 몸에는 그들이 인간에게 주는 이점 때문에 흔히 좋은 박테리아 또는 상리공생 박테리아라고 말하는 것이 존재한다. 이것의 좋은 예는 우리의 장인데 대략 500~1,000종의 박테리아 본거지다. 서로 다른 종들은 사람의 장에서 그들 고유의 영역에 거주하고 또한(as well) 음식 대사 능력도 다르다. 이 박테리아 중 상당수는 우리의 장이 처리할 수 없는 음식을 분해할 수 있다.

이 박테리아와 관련된 과정에는 인간 유전자를 활성화시키는 신호가 포함되는데 이 신호들은 영양분을 흡수하는 데 사용되는 장 혈관 네트워크

- Conjugation

During a process called conjugation DNA is transferred between two prokaryotic cells that are joined on a temporary basis. The DNA transfer is one-way in bacteria, as one cell donates the DNA and the other receives it. One example is when a pilus of the donor cell attaches to the recipient. Next the pilus pulls back and the two cells are thrust together by a grappling mechanism. Then a sort of mating bridge is formed so that the donor can transfer DNA to the recipient. It is also possible that instead of the mating bridge DNA can simply be passed through the hollow pilus.

Benefits and harmful effects of prokaryotes

- Mutualistic bacteria

Inside our bodies there exists what we commonly refer to as good bacteria or mutualistic bacteria because of their benefits to humans. A good example of this is our intestines which is home to anywhere from 500~1,000 species of bacteria. Different species live in their own distinct areas of the intestines and of course their ability to metabolize food varies as well. A large portion of these bacteria are able to breakdown food that our intestines are unable to process.

The process involved with these bacteria includes signals that activate human genes, designed to build the network of intestinal blood vessels that are used to absorb nutrients. Antimicrobial

를 구축하도록 한다. 항균 물질은 또한 인간의 세포를 활성화시키는 상리공생 박테리아의 신호에 의해 만들어지고, 이것은 상리공생 박테리아와 경쟁하는 박테리아를 죽인다. 왜냐하면 상리공생 박테리아는 항균 물질에 면역됐기(immune to the compound) 때문이다. 이것은 상리공생 박테리아뿐만 아니라 인간 숙주에도 이득이 된다.

- 병원성 박테리아

박테리아가 수많은 질병의 원인이라는 것이 문서로 충분히 입증되었고(well-documented) 이런 이유로 박테리아는 부정적인 자격(negative status)을 얻을 만하다. 아마도 해로운 박테리아에 의한 가장 치명적이고 악명 높은 질병 중 하나가 결핵일 것이고 결핵은 폐질환이다. 매년 수천 명에게 나쁜 영향을 미치는(adversely affects) 또 다른 질병은 라임병이다. 이것은 진드기에 물려 번지고 심장병, 관절염 및 신경계와 관련된 문제를 일으키며 최악의 경우 사망에 이르게 한다.

- 병원성 독

1 외독소: 외독소는 몇 가지 유형의 박테리아와 생물체에 의해 단백질 형태로 분비된다(secreted by). 외독소와 관련된(associated with) 매우 위험한 질병은 콜레라다. 이 특별한 외독소는 장 세포가 염화이온을 사람의 위에 분비하라고 하면 삼투 과정(process of osmosis)에 의해 물이 뒤따라 방출된다. 고기, 해산물, 채소들이 부적절하게(Improperly) 통조림으로 만들어진(canned) 식품은 치명적인 박테리아인 클로스트리디움 보툴리늄의 본거지다. 독소를 만드는 박테리아가 멸균되어 사라지더라도 여전히 음식에 존재할 수 있다.

2 내독소: 내독소는 박테리아가 죽고 그들의 세포벽이 파괴된(break down) 후에만 분비된다는 점에서 외독소와 다르다. 종종(Frequently) 닭은

compounds are also produced from signals that activate human cells and this kills of bacteria that are competing with the mutualistic bacteria, for the mutualistic bacteria are immune to the compound. This benefits not only the mutualistic bacteria but the human host as well.

- Pathogenic bacteria

It has been well-documented that bacteria are the cause of tons of human diseases and for this they deserve their negative status. Perhaps one of the most deadly and infamous diseases caused by harmful bacteria is tuberculosis, which is a disease of the lungs. Another disease that adversely affects thousands of people each year is Lyme disease. This particular disease is spread by tick bites and results in heart problems, arthritis, problems associated with the nervous system and the worst being death.

- Pathogenic poisons

1 Exotoxins: Exotoxins are secreted by some types of bacteria and organisms in the form of proteins. A very dangerous disease associated with exotoxins is cholera. This particular exotoxin tells intestinal cells to release chloride ions into one's stomach, then water follows by a process of osmosis. Improperly canned foods such as meat, seafood and vegetables can be home to the fatal bacterium Clostridium botulinum. Even if the bacteria that make it are not present it can still be present in the food.

해로운 살모넬라 내독소를 함유할 수 있다. 살모넬라는 장티푸스뿐만 아니라 물론 식중독을 일으킬 수도 있다. 희소식은 항생제의 개발이 공중 위생 절차와 실시 요강에 대한 관심을 증대시켰을 뿐만 아니라 많은 인명 구조를 도왔다는 것이다. 잦은 항생제 사용의 가장 큰 문제점 중 하나는 항생제에 내성이 있는 박테리아를 신속하게 번식시키는 세포들의 능력이다.

2. Endotoxins: Endotoxins are different from exotoxins in that they are only secreted after the bacteria die and their cell walls break down. Frequently chicken can contain the harmful endotoxin salmonella. Salmonella can cause food poisoning in humans as well as typhoid fever. The good news is that the development of antibiotics have helped save many lives as well as improved awareness of sanitation procedures and protocol. One of the biggest drawbacks to frequent antibiotic use is the ability of cells to rapidly reproduce bacteria that is resistant to antibiotics.

problem solving

문제1 다음 중 전염병의 원인이 아닌 것은?
① 세균　② 곰팡이　③ 바이러스　④ 원생동물　⑤ 알레르기

문제2 다음 설명에 해당하는 것을 쓰시오.

> 세균의 주 DNA 외에 별도로 존재하는 고리 모양의 DNA다.
> 항생제 내성 유전자가 존재하기도 한다.

문제3 다음 질병의 공통점을 옳게 설명한 것을 고르라.

> 결핵, 파상풍, 콜레라

① 세균에 의해 발생한다.
② 항생제로는 치료할 수 없다.
③ 모기와 같은 곤충 매개체에 의해 전염된다.
④ 체내 정상 세포의 돌연변이에 의해 나타난다.
⑤ 생활 습관이나 환경에 의해 일어나므로 전염되지 않는다.

➡ 해답　**1.** ⑤　**2.** plasmid(플라스미드)　**3.** ①

Example 1 Which is not the cause of communicable disease?
① bacteria   ② mould   ③ virus   ④ protozoa   ⑤ allergy

Example 2 Write an answer which is explained by followings.

> It's a ring-shaped DNA which exists separately from main DNA of bacteria.
> There can be resistance gene to antibiotics.

Example 3 Choose correct common points of following diseases.

> tuberculosis, tetanus, cholera

① They are caused by bacteria.
② They can't be cured with antibiotics.
③ They are infected by insect vectors such as mosquito.
④ They appear by the mutation of normal cells in the body.
⑤ They are caused by life habit and environment, therefore, they are not contagious.

rest in biology

Pathogen의 발견

Robert Koch(로버트 코흐, 1843~1910)는 Louis Pasteur(루이 파스퇴르, 1822~1895)와 함께 bacteriology(세균학)의 basic(기초)을 세우고 established(확립)한 독일의 scientist(과학자)다. 그는 specific(특정)한 disease에는 specific한 cause(원인)가 있으며 infectious disease(전염병)는 bacteria에 의해 일어난다는 세균 병원설을 claim(주장)하였다.

Koch는 anthracnose(탄저병)에 걸린 animal(동물)의 blood에 stick(막대기)처럼 생긴 rod cell(간상체)이 많다는 것을 알게 되었고 anthracnose에 걸린 animal의 blood를 쥐에게 inject했다. 쥐는 그 다음 날 죽었고, 쥐의 blood를 microscope(현미경)으로 observe(관찰)하였더니 다시 많은 rod cell이 발견되었다.

Koch는 자신이 만든 순수 medium(배지)에서 rod cell을 cultivate(배양)하는 데 성공하였다. 또한 이렇게 cultivate한 균을 다른 animal에 inject하면 anthracnose를 일으킨다는 것과 anthracnose는 bacteria of anthrax(탄저균)라는 pathogen이 일으킨다는 사실을 prove(입증)했다.

Koch가 specific한 disease를 일으키는 pathogenic bacteria(병원성 박테리아)를 확인한 방법은 오늘날에도 disease의 cause를 determine(규명)하는 데 사용된다. Disease에 걸린 animal로부터 pathogen을 isolate(분리)하고 pure culture(순수 배양)를 거쳐 건강한 animal에 pure culture한 pathogen을 inject한다. 건강한 animal이 disease에 걸리면 다시 pathogen을 분리하여 처음 분리한 pathogen과 동일한지 확인하는 방법이 바로 그것이다.

유일한 virus 치료제 Tamiflu(타미플루)

Virus의 크기는 bacteria에 비해 훨씬 작다. Bacteria의 크기만한 cell 속에서 virus가 살기 때문에 electron microscope(전자현미경)을 통해서만 observe할 수 있다.

Virus는 자신의 gene을 가지고 있지만 다른 cell 안으로 들어가기 전까지는 어떠한 biological reaction(생물학적인 반응)도 하지 않아 종종 inanimate object(무생물)냐 living organism(생물)이냐 하는 argument(논쟁)에 휩싸인다.

Virus는 host cell에서 그 cell의 enzyme(효소)과 nucleic acid(핵산)를 이용하여 protein synthesis(단백질 합성)와 자기 replication(복제)을 한다. 이 때문에 virus는 bacteria와는 달리 lab(실험실)에서 culture(배양)할 수 없으며 animal testing(동물 실험) 등을 통해서만 culture할 수 있다. 또 bacteria는 humid(습하다)한 environment(환경)에서 잘 자라는 반면, virus는 dry(건조)한 conditions(환경)에 강하다. 추운 겨울에도 influenza virus가 살아가는 것도 이 때문이다.

Virus를 치료할 수 있는 drugs(약물)로는 현재 avian influenza(조류 인플루엔자) inoculation(예방 접종) drugs로 사용되는 Tamiflu가 유일하고, 아직까지는 human body의 immune system(면역 체계)에 의한 virus의 fight off(퇴치)만이 가능하다. Vaccine(백신)은 viral disease(바이러스성 질환)에 대비해 미리 몸속에 antibody(항체)를 키워 immunity(면역능력)를 강화하는 것뿐이다.

A

abiotic environment factor 무생물적 환경 요소
abiotic 무생물적
abnormal 비정상적인
absorption 흡수
acceptor protein 수용체 단백질
acceptor 수용체
acquired immunity 후천성 면역
action 작용
active transport 능동 수송
adaptation 적응
adenovirus 아데노 바이러스
adrenal cortex 부신피질
adrenal gland 부신
adrenal medulla 부신수질
adrenocortical hormone 부신피질 호르몬
adrenocorticotropic hormone 부신피질 자극 호르몬
adult disease 성인병
aging 노화
AIDS 에이즈
air 공기
Alexander Fleming 알렉산더 플레밍
Alhazen 알하첸
alien substance 이물질
Al-kindi 알 킨디
allele 대립유전자
allelomorphic character 대립형질
alpha cell α-세포
amine 아민

amino acid 아미노산
amniotic fluid test 양수 검사
anaphase 후기
animal 동물
animal cell 동물세포
animal testing 동물 실험
anterior pituitary 뇌하수체 전엽
anthracnose 탄저병
anthrax vaccine 탄저병 백신
antiaging 노화방지
antibiotic resistant 항생제 내성
antibiotics 항생제
antibody 항체
antigen 항원
antiviral agents 항바이러스제
aorta 대동맥
aorta femoralis 대퇴 동맥
arc light 아크 등
archaea 원핵생물, 고세균
arterial blood 동맥혈
arteriosclerosis 동맥경화
artery 동맥
artificialheart 인공심장
artiodactyla 우제류
asexual reproduction 무성생식
atrium 심방
autocrine signaling 오토크라인 신호 전달
autoimmune disease 자가면역 질환
autonomic nerve 자율신경
autosomal recessive inherited disease 상염색체성 열성유전병
autosome 상염색체

auxin 옥신
avian flu 조류독감
avian influenza 조류 인플루엔자

B

B cell B세포
bacillus filter 세균 여과기
bacteria 세균
bacteria of anthrax 탄저균
bacterial disease 세균성 질병
bacteriology 세균학
bacteriophage 박테리오파지
bad cold 독감
bars 가로무늬
basic colors 염기성 색소
basic science 기초 과학
beriberi 각기병
bile 쓸개즙
biochemical test 생화학적 검사
biodiversity 생물다양성
biological factors 생물적 요인
biological membrane 생체막
biological phenomena 생물학적 현상
biological reaction 생물학적인 반응
biotic community 생물 군집
birth rate 출산율
bivalent chromosome 이가염색체
blight rate 고사량
blood 혈액
blood circulation 혈액 순환
blood coagulation 혈액 응고
bloodplatelet 혈소판
blood pump 혈액 펌프
blood sugar contents 혈당량
blood vessel 혈관

body 신체
body tissues 체조직
botanist 식물학자
breathing 호흡
breeding 번식
bronchitis 기관지염
bruise 멍
buck wheat 메밀
bulk feeder 덩어리 섭식자

C

caenorhabditis elegans 예쁜꼬마선충
cancer cell 암세포
capillary vessel 모세혈관
capillary 모세혈관
carbohydrate 탄수화물
carbon dioxide 이산화탄소
cardiovascular system 심혈관계
carrier 보인자
cell 세포
cell cycle 세포 주기
cell division 세포 분열
cell membrane 세포막
cell plate 세포판
cell senescence 세포 노화
cell structure 세포 구조
cell wall 세포벽
cell-mediated immunity 세포성 면역
cellular respiration 세포 호흡
cellulose 셀룰로오스
central nerve 중추
centrosome 중심체
character 형질
chemical change 화학적 변화
chemical composition 화학적 구성

chemical reaction 화학 반응
chiasmata 키아즈마타
chloroplast 엽록체
cholera 콜레라
cholesterol 콜레스테롤
chorion papillae 융모막 돌기
chorion test 융모막 검사
chromatid 염색분체
chromatin thread 염색사
chromatin 염색질
chromosome 염색체
chromosomal crossover 염색체 교차
chromosome map 염색체 지도
circulation 순환
circulatory system 순환계
Claudius Ptolemaios 클라우디오스 프톨레마이오스
climate change 기후 변화
closed system 폐쇄형 순환계
coal liquefaction gas 액화 석탄 가스
cold 감기
colon bacillus 대장균
colony 군체
combustion 연소
community 생물계, 군집
complement protein 보체 단백질
composition 조성
concentration 농도, 집중
condition 환경
conducting tissue 통도 조직
congenital immunity 선천성 면역
coniferous forests 침엽수림
connective tissue 결합 조직
consumer 소비자
contour 등고선
contractile ring 수축환
control experiment 대조 실험

control group 대조군
controlled experiment 종합대조실험
controlling variable 변인 통제
coral reefs 산호초
cri-du-chat syndrome 고양이울음증후군
crossing over 교차
crossover point 교차 지점
crustacean 갑각류
crystal 결정체
culture 배양
culture dish 배양 접시
culture medium 배지
cultured bacteria 배양균
cyanobacteria 남세균
cytokinesis 세포질 분열
cytoplasm 세포질
cytotoxic T cell 세포 독성 T세포

D

Darwin 다윈
data analysis 자료 분석
daughter cell 딸세포
daughter nucleus 딸핵
deciduous forests 낙엽수림
decomposer 분해자
deductive method 연역적 방법
defensive substance 방어 물질
dehydration linkage 탈수 결합
deoxyriboside 데옥시리보시드
dependent variable 종속 변인
desert 사막
designer baby 맞춤 아기
detected 검출
detector 전자선
diabetes 당뇨병

diastolic phase 심확장기
diencephalon 간뇌
differentiation 분화
digestion 소화
digestive enzyme 소화 효소
digestive organ 소화 기관
digestive system 소화계
Dimitri Ivanovsky 드미트리 이바노프스키
direct descendants 직계 자손
disease 질병
diversity 다양성
DNA sequence DNA 염기서열
dominant 우성
double circulation 이중 순환
Down's syndrome 다운증후군
drosophila 초파리
drosophila larva 초파리 유충

E

early diagnosis 조기 진단
earth 지구
Ebola virus 에볼라 바이러스
ecdysone 탈피 호르몬
ecological polis 생태도시
ecosystem 생태계
ecosystem diversity 생태계 다양성
Edward's syndrome 에드워드증후군
ejection 박출
electron beam 전자선
electron microscope 전자현미경
embryologist 발생학자
endocrine disrupter 내분비계 교란 물질
endocrine gland 내분비선
endocrine signaling 내분비 신호 전달
endocrine system 내분비 기관

endoplasmic reticulum 소포체
endotoxin 내독소
energy flow 에너지 흐름
energy 에너지
entity 독립체
environment 환경
environmental destruction 환경 파괴
environmental hormone 환경 호르몬
environmental pollution 환경 오염
enzyme reaction 효소 반응
enzyme 효소
epidemic 전염병
epidermis 표피
epinephrine 에피네프린
epithelial tissue 상피 조직
equilibrium 평형
ER 소포체
Ernst Chain 언스트 체인
erosion 침식
estrogen 에스트로겐
eubacteria 진정세균
eukaryote 진핵생물
eukaryotic cell 진핵세포
evening primrose 달맞이꽃
evolution 진화
excretion 배설
excretory system 배설계
execution 수행
exotics 외래종
exotoxin 외독소
experiment 실험, 실험하다
experimental group 실험군
external appearance 생김새
extinction 멸종
extracellular digestion 세포 외 소화
extraction 추출
extractive reserve 추출 매장량

F

facilitated diffusion 촉진 확산
fat 지방
solubility 지용성
fat soluble hormone 지용성 호르몬
fat soluble vitamin 지용성 비타민
feedback 피드백
fermented liquor 발효액
fertilization 수정
fetus 태아
field research 연구 현장
filter 여과기
filterable virus 여과성 바이러스
filtrate 여과액
fine structure 미세 구조
five senses 오감
floating environment 유동적인 환경
fluid 유체
folate 엽산
food web 먹이그물
foot-and-mouth disease virus 구제역 바이러스
fossil 화석
founder 창시자
fructose 과당
fruit fly 과일 파리
fuel 연료
fuel cell 연료 전지
fungi 균류
fur 모피

G

gall bladder 쓸개
gamete 생식세포
gap1 G1기
gap2 G2기
gas 가스
gas analyzer 기체 분석기
gas exchange 기체 교환
gas mixture 혼합 기체
gas trovascular cavity 위수강
gene 유전자
gene expression 유전자 발현
gene therapy 유전자 치료법
generation 세대
genetic combination 유전자 조합
genetic difference 유전적 차이
genetic diversity 유전적 다양성
genetic information 유전 정보
genetic material 유전 물질
genetic takeover 유전자 장악
genetic variation 유전변이
genetics 유전학
gill capillary 아가미 모세혈관
glucagon 글루카곤
glucocorticoid 당질 코르티코이드
glucose 포도당
glycogen 글리코겐
goite 갑상선종
grasslands 초원
gravitropism 굴지성
gravity 중력
grazing rate 피식량
Gregor Mendel 그레고르 멘델
group 무리
growing point 생장점
growth 생장
growth factors 성장호르몬
growth increment 생장량
growth reaction 생장 반응

H

habitat 서식지
HDL 고밀도지단백질
heart 심장
heartbeat 심장 박동
heart disease 심장 질환
heart transplant 심장 이식
heat 열
hedgehog 고슴도치
hematopoietic stem cell 조혈모세포
hemophilia 혈우병
hereditary disease 유전병
heredity 유전
high calorie 고열량
high-fat 고지방
histamine 히스타민
homeostasis 항상성
homologous chromosome 상동염색체
hoof 발굽
hormone 호르몬
hormone receptor 호르몬 수용체
host 숙주
host cell 숙주세포
host plant 숙주 식물
Howard Florey 하워드 플로리
Human Genome Project 인간 게놈 사업
human 인간
humoral immunity 체액성 면역
hybrid 잡종
hybridization 교잡, 잡종 형성
hydrogenous 수소
hydrophilic 친수성
hypha 균사
hypothalamic hormone 시상하부 호르몬
hypothalamus 시상하부
hypothesis 가설

I

IABP 대동맥 내 인공 펌프
Ida P. Rolf 아이다 P. 롤프
identical twins 일란성 쌍둥이
immune response 면역반응
immune system 면역 체계
immunity 면역
immunocyte 면역 세포
inanimate object 무생물
inborn metabolism errors 선천적 대사 이상
independent variable 독립 변인
individual 개체
inductive inquiry 귀납적 탐구
inductive method 귀납적 방법
inductive reasoning 귀납적 추론
infection 감염
infectious agent 전염 매개체
infectious disease 전염병
inflammatory reaction 염증 반응
influenza 인플루엔자
influenza A virus subtype H1N1 신종 플루
influenza virus 인플루엔자 바이러스
ingestion 섭취
inherit 유전
inoculation 예방 접종
inorganic environment 무기적 환경
inorganic environmental factor 무기 환경 요소
inorganic matter 무기물
inquiry 질문, 탐구
insect 곤충류
insulin 인슐린
insulin dependent diabetes mellitus 인슐린 의존성 당뇨병

insulin resistance 인슐린 저항성
integrin 인테그린
interbrain 간뇌
interferon 인터페론
intermediary inheritance 중간유전
interphase 간기
interstitial cell 간세포
interstitial fluid 간질액
intracellular digestion 세포 내 소화
iodine 요오드
islets of Langerhans 랑게르한스섬

J

juvenile disease 소아 당뇨

K

karyotype 핵형
Klinefelter's syndrome 클라인펠터증후군

L

lab 실험실
large intestine 대장
law of dominance 우열의 법칙
laws of Mendelian inheritance 멘델의
  유전 법칙
left atrium 좌심방
left ventricle 좌심실
life span 수명
light 빛
light microscope 광학현미경
linolenic acid 리놀랜산

lipase 리파아제
lipid 지질
lipid bilayer 지질 이중층
liquid fuel 액체 연료
liver 간
living bodies 생물체
living components 생물적 요소
living organism 생물
living space 생활공간
living thing 생명체
Louis Pasteur 루이 파스퇴르
lymph 림프
lymphatic duct 림프관
lymphocyte 림프구
lysogenic cycle 용원성 주기
lytic cycle 용균성 주기

M

macromolecule 고분자 상태
macrophage 대식 세포
magnifying glass 확대경
malignant tumor 악성 종양
mammal 포유동물
manipulated variable 조작 변인
marrow 골수
Mars 화성
marsh 습지
mast cell 비만 세포
material 물질
mating 교배
mating bridge 짝짓기 다리
matter 물질
measurement tool 측정도구
mechanical tissue 기계 조직
medication 약물 치료

medicine 의약품
medium 배지
medulla oblongata 연수
meiosis 감수분열
memory cell 기억세포
Mendel's law 멘델의 법칙
mesentery 장간막
metabolism 물질대사
metaphase 중기
metastasis 전이
micro-biologist 미생물학자
microfilament 미세섬유
microorganism 미생물
microscope 현미경
mitochondria 미토콘드리아
mitochondrial DNA 미토콘드리아 DNA
mitotic phase 분열기
mix the genes 교배
mixture 혼합물
model organism 모델 생물
mold 곰팡이
molecule 분자
monogenic inheritance 일유전자유전, 단일인자유전
monomer 단위체
monosaccharide 단당류
mosaic disease 모자이크병
mother cell 모세포
mouse 생쥐
mouseear cress 애기장대
mucous membrane 점막
multicellular 다세포
multifactorial inheritance 다인자유전
multiple allele 복대립 유전자
multiplication 증식
muscle cell 근육세포

muscle tissue 근육 조직
mutation 돌연변이

N

natural ecosystem 자연생태계
natural enemy 천적
natural hormone 자연 호르몬
natural material 천연 재료
natural phenomena 자연현상
natural selection 자연선택
nature 자연
nature river 자연형 하천
negative feedback 음성피드백
negative gravitropism 음성굴지성
negative phototropism 음성굴광성
nerve cell 신경세포
nerve tissue 신경 조직
net production 순생산량
new energy 신에너지
nitrogenous waste 질소성 노폐물
nonbiological factor 비생물적 요인
non-insulin dependent diabetes mellitus 인슐린 비의존성 당뇨병
nonliving component 비생물적 요소
nonliving environment 비생물적 환경
nonspecific reaction 비특이성 반응
nuclear membrane 핵막
nuclear pores 핵막 소공
nucleic acid 핵산
nucleoid 핵양체
nucleotide 뉴클레오티드
nucleus 핵
nutrient 영양분
nutrient cycling 영양소 순환
nutrition 영양

nutritive substance 영양 물질

O

object 개체
objectivity 객관성
observation 관찰
offspring 자손
one-cell 단세포
open system 개방형 순환계
opening 개구부
operative treatment 수술 치료
optical microscope 광학현미경
optics 광학
organ system 기관계
organ 기관
organelle 세포소기관
organic compounds 유기 화합물
organic matter 유기물
organic relationship 유기적 관계
organism 생물, 유기체
organization 조직
orientation 정위
ovary 난소
overhunting 남획
overweight 과체중
ovum 난자
oxygen 산소

P

pancreas 이자
pancreatic islets 이자섬
paracrine signaling 파라크린 신호 전달
parasite 기생 동물

parasympathetic nerve 부교감 신경
parathyroid gland 부갑상선
parenchyma 유조직
pathogen 병원체
pathogenic bacteria 병원성 박테리아
pathogenic poisons 병원성 독
pea 완두콩
penicillin 페니실린
penicillium 푸른곰팡이
penicillium culture solution 푸른곰팡이 배양액
peptide bond 펩타이드
peptidoglycan 펩티도글리칸
pest 페스트
phagocytosis 식균 작용
phenomenon 현상
phenotype 표현형
pheromone 페로몬
phospholipid 인지질
photosynthesis 광합성
phototropism 굴광성
physical constitution 체질
physiological function 생리 작용
pineal gland 송과선
pituitary gland 뇌하수체
pituitary hormone 뇌하수체 호르몬
placenta 태반
plant 식물
plant cell 식물세포
plant species 생물종
plasma cell 형질세포
plasmid 플라스미드
platelets 혈소판
pneumonia 폐렴
polly seeds 해바라기 씨
polysaccharides 다당류
population 개체군

population aging 인구 노령화
population growth rate 인구 증가율
population growth 인구 증가
portal vein 간문맥
positive feedback 양성피드백
positive gravitropism 양성굴지성
positive phototropism 양성굴광성
precipitation 강수량
predator 포식자
prevention 예방
prey 피식자
process of crystallization 결정화 과정
process of osmosis 삼투 과정
producer 생산자
prokaryote 원핵생물
prokaryotic cell 원핵세포
proliferation 증식
prometaphase 전중기
prophase 전기
prostaglandin 프로스타글란딘
protective barrier 방어벽
protein 단백질
protein hormone 단백질계 호르몬
protein molecule 단백질 분자
protein shell 단백질 껍질
protein synthesis 단백질 합성
protista 원생생물
protozoa 원생동물
public experiment 공개 실험
puff 퍼프
pulmonary artery 폐동맥
pulmonary capillary 폐 모세혈관
pulmonary circulation 폐순환
pure culture 순수 배양
purebred 순종

Q

qualitative data 정성적 자료
quantitative data 정량적 자료
quest 탐구

R

radioactivity 방사성을 띠는
random fertilization 무작위 수정
random nature 무작위성
rattlesnake 방울뱀
reactant 반응물질
reaction 반작용
reasoning 추론
receptor 수용체
recessive 열성
recessive gene 열성유전자
recessive hereditary disease 열성유전병
recessive inheritance 열성유전형질
red blood cell 적혈구
rejection 거부 반응
relaxation 이완
replicas 복제물
replication 복제
reproduction 생식
reproductive organs 생식 기관
respiration volume 호흡량
respiratory system 호흡계
response 반응
resting stage 휴지기
ribosomes 리보솜
right atrium 우심방
right ventricle 우심실
Robert Koch 로버트 코흐
rod cell 간상체

Roger Bacon 로저 베이컨
rough ER 조면소포체

S

safflower 홍화 씨
salivary chromosome 침샘염색체
salivary gland 침샘
sanctuary 보호구역
SARS 사스
saturated fat 포화 지방
science 과학
scientific inquiry 과학적 탐구
scientific method 과학적 방법
scientist 과학자
sea urchin 성게
second messenger 2차 전달자
secretion 분비
segregation 분열
senescence 노화
sesame 참깨
sex 성별
sex chromosome 성염색체
sex hormone 성호르몬
sex-linked inheritance 반성유전
sexual reproduction 유성생식
shellfish 조개
side effects 부작용
signaling cell 신호전달물질 분비세포
signaling pathway 신호 전달 경로
simple diffusion 단순 확산
single circulation 단일 순환
single experiment 단독 실험
skeletal muscle 골격근
skin 피부
skunk 스컹크

small intestine 소장
small molecule 저분자 상태
smooth ER 활면소포체
sodium 나트륨
soil 토양
soil sample 토양 시료
somatic cell 체세포
somatic cell division 체세포 분열
source of energy 에너지원
species 종
species diversity 종 다양성
specific reaction 특이 반응
specificity 종 특이성
sperm 정자
starch 녹말
steroid hormone 스테로이드계 호르몬
stimulus 자극
stomach 위
stomach ulcer 위궤양
substance 물질
substrate feeders 기질 섭식자
sugar 혈당
survival 생존
sustain life 생명유지
sustainable development 지속 가능한 발전
sympathetic nerve 교감신경
symptom 증상
synapse 시냅스
synthesis phase S기
synthesis 합성
system 계
systemic circulation 체순환
systolic period of heart 심수축기

T

T cell T세포
T helper cell 보조 T세포
Tamiflu 타미플루
target cell 표적세포
target organ 표적 기관
telomere 텔로미어
telophase 말기
temperature 온도
test 검사
testis 정소
testosterone 테스토스테론
tetanus 파상풍
Thomas Morgan 토머스 모건
throat 식도
thymus 가슴샘
thyroid gland 갑상선
thyroid hormone 갑상선 호르몬
thyroid stimulating hormone 갑상선 자극 호르몬
thyroxin 티록신
tissue 조직
tissue cell 조직세포
tissue system 조직계
tobacco disease 담배 질병
tobacco mosaic virus 담배 모자이크 바이러스
tolerance 내성
tortoise 거북
total artificial heart 완전 인공 심장
transformism 진화설
treat 치료
tropical rain forests 열대우림
tropism 굴성
tuberculosis 결핵
tumor 종양

Turner's syndrome 터너증후군

U

underdeveloped country 저개발국가
unpolished rice 현미
unsaturated fatty acid 불포화 지방산
urine 소변

V

vaccination 예방 접종
vaccine 백신
vacuole 액포
vagina 질
valve 판막
variable 변인
variation 변이, 변형
vegetable oil 식물성 기름
vein 정맥, 시맥
venous blood 정맥혈
ventricle 심실
ventricular assist device 보조 인공 심장
vertebrates 척추동물
vesicle 소낭
vessels 혈관
viral disease 바이러스성 질환
virology 바이러스학
virus 바이러스
virus replicative cycles 바이러스 증식 주기
visible light 가시광선
vitamin 비타민
VRSA 반코마이신 내성 황색포도상구균

W

waste material 폐기물
water soluble hormone 수용성호르몬
water solubility 수용성
water 물
white blood cell 백혈구

X

X chromosome X염색체

Y

yeast 누룩, 효모